机間指導

学びのエンジンをかける

浦元　康［著］

明治図書

はじめに

算数「分数」の授業でのことです。頬杖をついてぼーっと話を聞いている子供がいました。

その子の傍で、「早く取りかかりましょう」と促しても、ずっとぼーっとしていました。

私は「どうしたものか」と悩みました。普段の休み時間や他教科の授業では活発な子供だけに不思議でした。

「どうしたの？」

と聞いてみましたが、反応はありませんでした。そこで、

「何か手伝えることはある？」

と尋ねてみると、その子がボソッとつぶやきました。

「ぼくは色が塗りたいんだよなぁ」

私は、はっとしました。はじめはいくつ分を考えるためにコップの目盛りに色を塗っていたのですが、途中から線分図を活用しながら考えていました。

その子にとっては、線分図で目盛りを数えるよりも、コップの水に色を塗る方が考えやすかったのです。

すぐさま、印刷しておいたコップ型目盛りを渡しました。すると、その子は水を得た魚のようにすぐさま色を塗り始め、課題にしっかり取り組みました。

この経験から、「子供の行動には必ず何か理由があるのではないか」と考えるようになりました。


机間指導の重要性は複式学級の担任をしているときにも感じました。

3・4年生を担任しましたが、極少人数ではなく、自分たちで授業を進めていかなければならない人数です。一斉授業ではなく、子供たちだけで学びを進めていきます。私はほとんど黒板の前に立つことなく、立ち位置は3年生と4年生の間でした。そして、子供たちの学びの様子を「みる」ことに注力しました。

子供たちの学びの様子を「みる」うちに、机間指導の役割について体系化することができました。実に多様な役割や効果があり、黒板の前に教師が立つ必要はないのではないかと感じるほどです。

昨今、「自由進度学習」「学び合い」といった、教師主導ではなく、子供に学びを任せる学習方法が実践されています。これらの実践を紹介する書籍では、子供主体で取り組ませる手法には言及されているのですが、子供に学びを任せているときの「教師の役割」に言及しているのは、あまり見たことがありません。「教師の役割」は、すなわち机間指導ですが、机間指導は学習者主体の授業を実現するうえで絶対不可欠です。

机間指導とは、子供と向き合うことです。子供の反応を予想する教材研究と違い、目の前の子供と向き合います。そして、教師の言葉かけ1つで子供の学びは大きく変わります。学びだけではありません。学級経営においても机間指導は欠かせません。子供たちに「できた！」「わかった！」といった達成感を味わわせることは大切です。

「教師は一人ひとりの子供の学びに寄り添い、支援する伴走者」といった指導観のもと、子供の学びを促進できる存在にならなくてはなりません。

本書が、皆様にとって日々の教育実践の一助になれば幸いです。

2024年3月

浦元　康

もくじ
Contents

第2章　8つの「感」と教師の言葉かけ

第3章「学びのマップ」を子供に渡す

第4章 個に応じた机間指導

第5章　子供同士の考えをつなげる

第6章　学級に受容的な雰囲気を醸成する

第1章
子供を「みる」視点

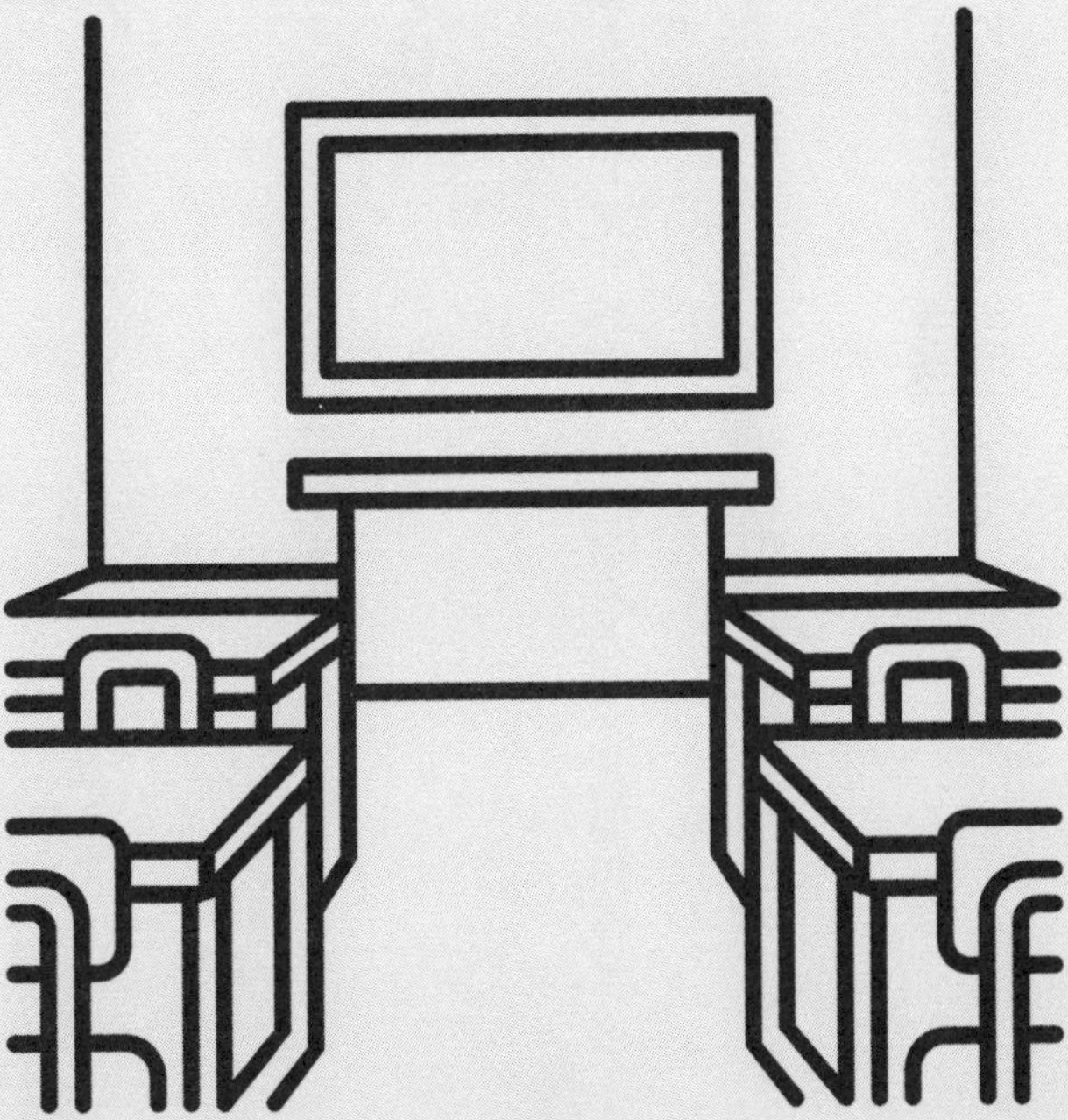

0　子供を「みる」4つのステップ

▼机間指導における「みる」とは

皆さんは、どのように机間指導をしていますか。

私が初任のころは、机間指導の手順がわからず、感覚だけでなんとなく机間指導をしていた記憶があります。ただ子供の様子を眺めていただけだったなと、反省するばかりです。

しかし、机間指導はどの授業でも必ず実施します。**机間指導の力を高めることは、授業力向上には必須**なのです。

机間指導は、大きく4つのステップに分けることができます。

①見る（全体を見渡す）
②視る（事実を捉える）
③観る（子供の内面を読み取る）
④診る（適切なフィードバックをする）

このように、「みる」という同音異義語で机間指導のステップを示すことができます。この４つの「みる」を段階的に使い分けていきます。

まずは、「①見る」段階です。この段階では、発問や指示を出した後、子供たちの様子や学級の雰囲気**全体**を見渡します。

「②視る」段階では、子供の表情や手の動きなどの**事実**から子供の様子を捉えます。

「③観る」段階では、事実と子供の背景、実態に鑑みながら、子供の**内面**を読み取り、困り感を明確にします。

「④診る」段階では、子供を観察し、思いを巡らした分析結果から、適切な**フィードバック**をしていきます。

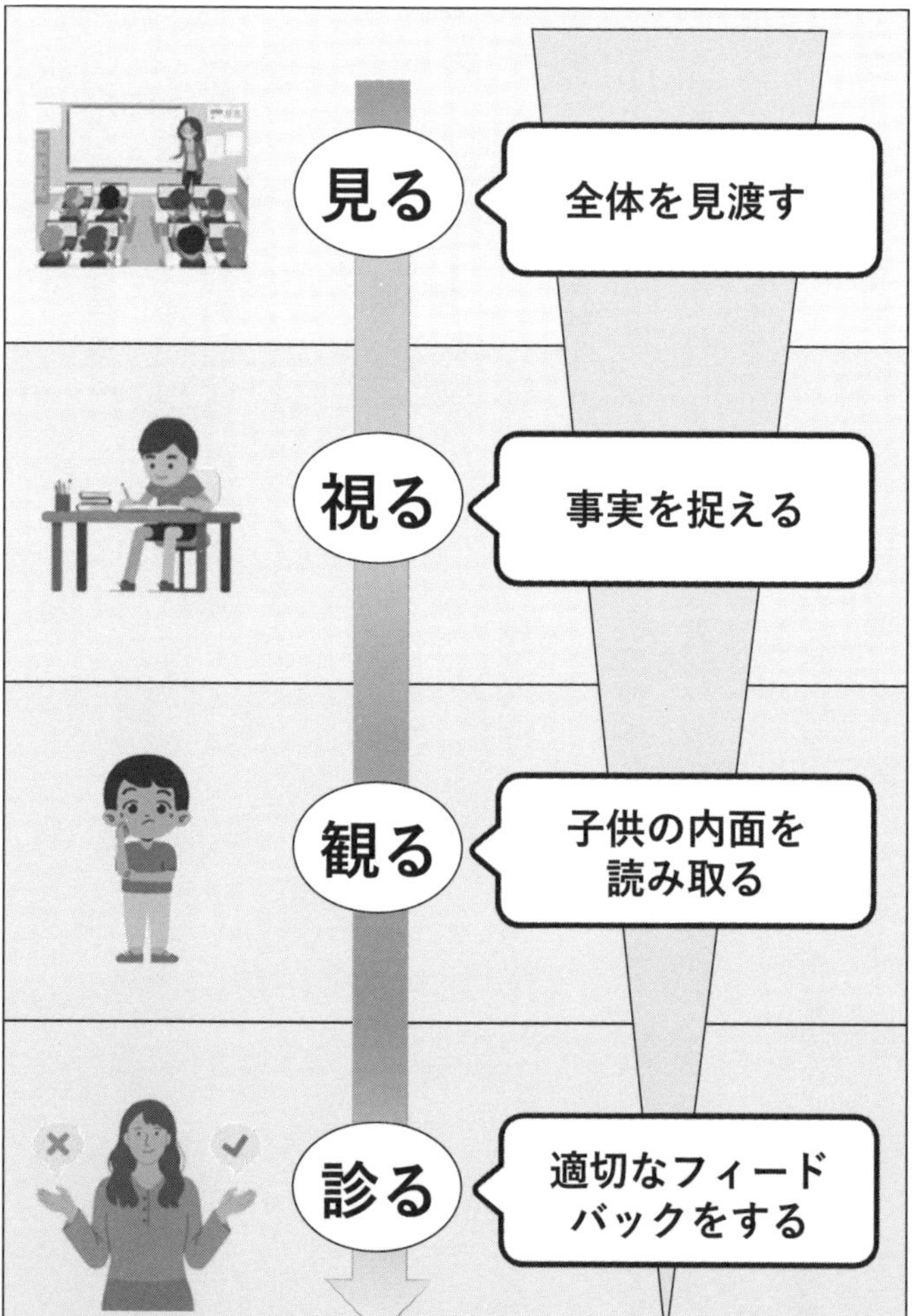
見る
全体を見渡す
視る
事実を捉える
観る
子供の内面を
読み取る
診る
適切なフィード
バックをする

机間指導の４ステップ

▼机間指導の４ステップを活用するメリット

机間指導の４ステップを活用することによって、特定の子供だけではなく、学級全体の雰囲気や学習の流れを意識しながら机間指導をすることができます。

また、ステップが明確化されているので、**机間指導が思うようにいかなかったとき、どのステップが不適切だったのか、自分で認知し、改善することができます。**

ねらいをもって机間指導を行うことによって、子供たちの状態を正確に読み取ることができます。

また、子供たちも「自分のことをよく見てくれている」という気持ちになります。

さらに、教師が手をかけたくなってしまう子供に机間指導が集中し、その子の「考えたい」という意欲を下げたり、プライドを傷つけたりして、子供との信頼関係を壊してしまうようなこともなくなります。

ぜひ、この４ステップを意識してみてください。

1 見る
全体を見渡す

▼机間指導で最も大切なこと

机間指導で最も大切なこととはなんでしょうか。私は、**全員が自分の考えをもつことができるようにすること**だと考えます。

自力解決の時間において、課題と対話し、思考し、自分なりの考えをもつ。このことが、主体的な学習者になるうえで重要なプロセスだと考えます。

▼全体を見渡す

教師が発問や指示を出し、自力解決へと旅立った後、学級全体の様子を見渡します。すると、子供たち全員がパッと動き出す、そんな勢いのある瞬間を感じ取ることができたらベストです。

しかし、実際にはそんなことはなかなかありません。**理解度には個人差がありますし、子供の気持ちや体調などによっても、「学びのエンジン」のかかり具合は異なります。**

▼「戻る」勇気をもつ

教師の発問や指示で動き出すことのできない子供たちがいます。その割合によっては、もう一度全体に戻って指導するかどうかを考えましょう。

具体的には、**3分の1以上の子供たちが頭の上に「?」マークを浮かべているなら、一度自力解決の時間を止め、改めて子供たちと学習内容を共有する必要があります。**

失敗に陥ってしまう授業の1つに、子供たちが何をすればよいかわからないまま、時間だけが過ぎ去ってしまうという状況があげられます。

「自力解決をしましょう」と言って時間を確保したのに、また教師の方に視線を向けさせる。これはとても勇気が必要な行動です。ですが、この段階をクリアしなければ、この後どんなにすばらしい机間指導ができたとしても、授業を成功させることは不可能です。なぜなら、**子供たちが学習を自分事として捉えていないから**です。このままでは、子供たちにとって不完全燃焼な1時間になります。

このように、早い段階で、全体指導に「戻る」か、机間指導に「進む」かを選択することが必要になります。

机間指導の「見る」のステップから「視る」のステップに適切に進めるかどうか見極める、教師の力量が問われる場面です。

▼全体指導に戻る

全体指導に戻るときは、どのように言葉かけをすれば、子供たちのやる気を削ぐことなく学習内容を説明することができるのでしょうか。

大事なのは、**言葉の使いはじめ**です。

「ちょっとごめん」

「書く時間はまた確保するので、先生に少し時間をくれませんか」

「今、みんなの様子を見て…」

「先生、大事なことを忘れてしまっていた！」

「みんなとってもがんばっているのだけど、ひと言だけ言っていいかな？」

このように、**はじめの言葉で、集中している子供たちが前を向きたくなるように注意を引きつけることが大切**です。

▼グループ指導をする

全体で再度指導するのは難しい場合や、子供たちの理解度に大きなばらつきがある場合もあるかもしれません。

そんなときは、自力解決に進むことができていない子供たちを集めます。

「わからない人は前においで！」

このような言葉かけでは、子供たちは集まってきません。

そこで、**「わからない人」とは、どういう人のことを指しているのか基準を明確にします。**

私が前に呼ぶ「わからない人」は、ノートに何も書けていない子供たちです。ノートに何も書くことができていない子供たちの内面としては、２つの状態が考えられます。

①学習意欲がわかない
②学習内容を理解できていない

この状態の子供たちの様子を捉えたら、

「今から１分で何も書けなかった人は、黒板の前においで」

と伝えます。

時間（１分）、状態（何も書けなかった）、場所（黒板の前）を設定することによって、子供たちは基準をもってグループ指導を受けることができます。

このとき、気をつけなければならないのが、**黒板の前に行くことを「悪いこと」とまわりの子供たちに思わせないこと**です。

「説明を聞いて、さらに考えを広げたい、深めたいと思った人も前に来ていいですよ」

と伝えることによって、わからない人だけが黒板の前に行くのではなく、多様な人が集まるのだと認識させます。

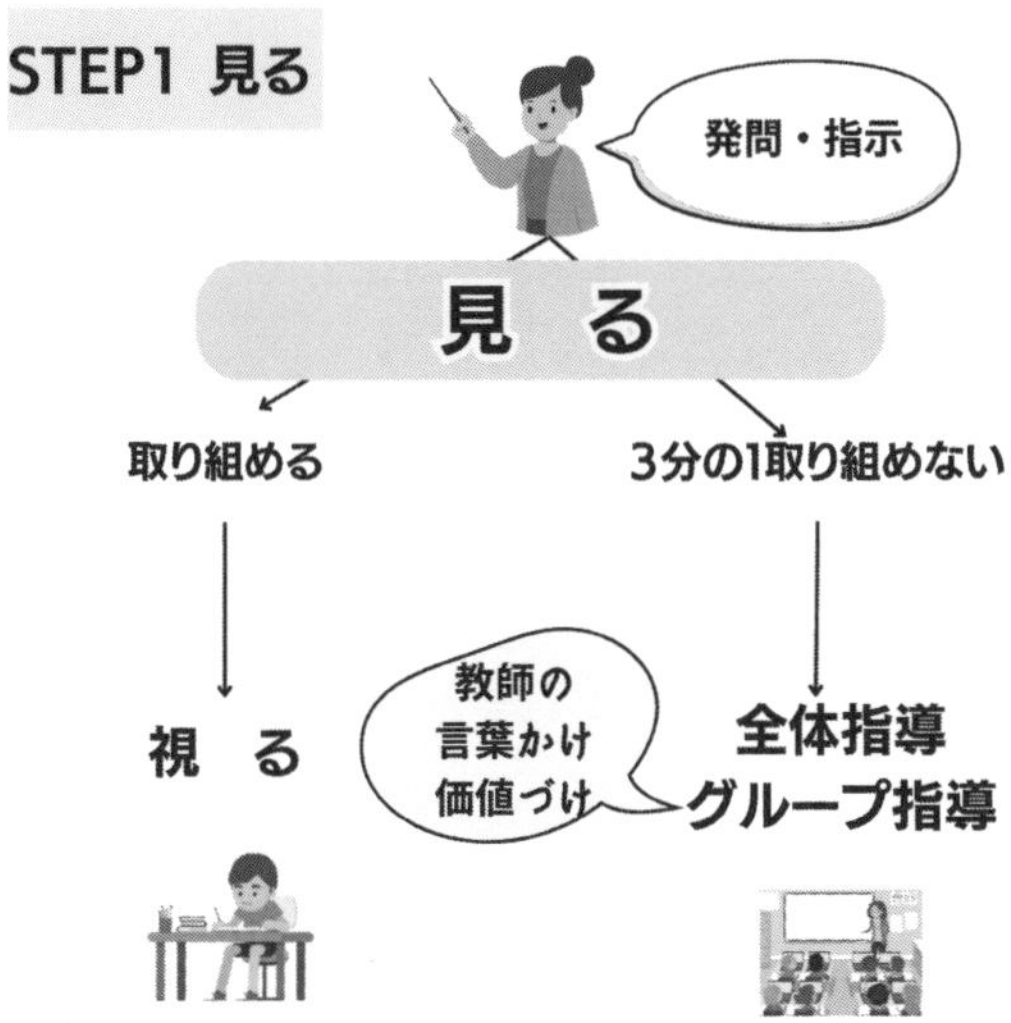
STEP1 見る
発問・指示
見る
取り組める
3分の1取り組めない
視る
教師の
言葉かけ
価値づけ
全体指導
グループ指導

さらに、グループ指導が終わった後、
「意欲的に聞いているね」
「これでさらによい考えが出そうだね」
「みんなすごくやる気に満ちあふれているね」

と教師が言葉をかけることによって、子供はグループ指導を受けたことに対して誇らしい気持ちをもつことができます。

このような価値づけを普段から行うことで、「グループ指導を受けることはよいことだ」「グループ指導は何か自分のためになりそうだ」という安心感や充実感をもつことができます。

2 視る　事実を捉える

▼「視る」とは

「視る」という漢字が含まれている熟語として、「注視」「視察」などがあげられます。風景として捉えるのでなく、「一点集中して事実を直視する」といった意味で捉えると、「視る」のイメージが理解しやすいと思います。

▼「視る」にはどのようなものがあるか

では、机間指導における「視る」とは、具体的にどのようなものなのでしょうか。ここでいう「視る」とは、**事実を捉え子供の状態を探る**ことです。子供の背景や性格から考察することは、次の「観る」段階になります。
「視る」の視点としては、主に次の4つがあります。

①表情を視る　②手を視る
③足を視る　④文字を視る

これら4つの視点から事実を捉えることで、子供の状態を探ります。

▼表情を視る

表情を視ることは、子供の内面的な状態や感情を理解するうえで非常に重要です。**表情を視るメリットは即時性**です。

表情は、その瞬間の感情や考えをリアルタイムで表現します。授業内容や教師の指示や発問の理解や興味を捉えることができます。教師の発問や指示によって、眉をひそめたり、表情が暗くなったりしたら、困惑しているサインです。悲しい顔をしていたら、休み時間に何か嫌なことがあったのかもしれない、と生活面にも目を向けます。

退屈や無関心を示す表情や目を逸らす動作は、その内容が子供たちにとって魅力的でなかったり、すでに知っている情報であったりすることを示す場合があります。

子供たちの表情を視ながら、なぜそのような表情をしているのか探ることが大切です。

▼手を視る

自力解決において、手を視ることによって、子供の学習意欲がわかります。

①鉛筆を握って書き始めている　②鉛筆を握っている
③何も持っていない　④別のものを持っている

①の鉛筆を握って書き始めている段階なら、ほとんど心配はいりません。少なくとも自分の考えをもっていると判断することができます。
②の鉛筆を握っている段階では、あと少しで自分の考えを書くことができます。鉛筆を

握っているということは、少なくとも、書こうという意欲はあります。

③の何も持っていない段階は、指示を聞いていなかったか、思考が追いついていないかです。まずは鉛筆を持たせ、考えが浮かんだらすぐ書くことができるように指導します。

④の手に他のものを持っている段階の子供は、落ち着きがないことが多いです。**何か不安があったり、集中できない要因があったりするのであれば、学習内容よりも、まずはその子の内面に寄り添った指導が必要**になります。

このように、子供の手を視ることによって、学習段階を捉えることができます。

▼足を「視る」

足を視るポイントは、**つま先が前を向いているかどうか**です。

常に背筋を伸ばして学習に取り組むのは、特定の子供にとっては負担になる場合もありますが、最低限つま先が前を向いていることは重要です。

自力解決のときに、はじめから横を向いていたり、足をばたつかせてリズムをとったりしている子供は、課題に正対できていません。まずは、つま先を前に向かせ、課題と正対できるように言葉かけをしましょう。このとき、多動で足をばたつかせてしまう子供がいる場合には、他の職員と連携し、個別指導にあたりましょう。

▼文字を視る

文字からは、子供の学習意欲と学習への自信度を捉えることができます。文字を見て捉える視点は、次の通りです。

①筆圧　②文字の大きさ
③文字と文字の間隔　④誤字や修正

①の筆圧は、子供の精神状態を示すことがあります。強い筆圧は自信や強い感情を、軽い筆圧は不安や緊張を示す場合があります。

②の文字の大きさは、大きい文字は自己主張が強い、あるいは注意を引きたいという願望を示すことがあります。逆に、小さな文字は内向的な性格や控えめな性格を示すことが

「視る」ポイント

視点		事実	読み取れること
表情		・悲しい ・悩んでいる ・眉をひそめている	・感情 ・考え ・学習の理解度
手		・鉛筆を握って書き始めている ・鉛筆を握っている ・何も持っていない ・別のものを持っている	・学習意欲 ・学習状況 ・学習への集中度 ・学習の理解度 ・学習段階
足		・つま先 ・足をばたつかせている	・学習意欲 ・課題への関心
文字		・筆圧 ・文字の大きさ ・文字と文字の間隔 ・誤字や修正	・学習への自信度 ・心理的状況 ・学習状況 ・考え

あります。

③の文字と文字の間隔は、間隔が広いと慎重に考えているか、考える時間を必要としていることがわかります。間隔が密だと急速な思考や急いでいる心理状態を表すことがあります。

④の誤字や修正が多ければ、子供は現在学んでいる学習内容に苦労していることが読み取れます。

このように、文字からも子供の学習内容の理解度と心理状態を読み取ることができます。

3 観る 子供の内面を読み取る

▼「観る」とは

「観る」という漢字が含まれている熟語には、「観察」「観光」などがあげられます。「見る」や「視る」のように目で事物の存在などを捉えて視覚に入れるのとは違い、**「観る」には対象の内面を見極めようという意識が働いています。**

▼子供を観る

机間指導では、子供の事実を捉えるだけでは、本当に子供に寄り添った指導はできません。子供の気持ちや学習の困り感、学習の意欲がどの程度なのか、子供の内面に教師が思いを巡らすことが大切です。子供の様子をよく観察し、どのような支援を要するか判断する観察力をもつ必要があります。

では、どのような視点で子供を観察することが必要なのでしょうか。

机間指導における子供の状態は、主に2つの視点から捉えることが重要です。

①粘り強く取り組むことができるか
②解決方法の見通しをもつことができるか

①の粘り強く取り組むことができるとは、いわば「学びのエンジン」です。九九をすらすら言えるように暗唱の練習をする、図工で納得のいく作品を制作できるまで試行錯誤する、といった子供の姿です。

②の解決方法の見通しをもつことができるとは、「学びのマップ」をもっているということです。ポイントは、「見方・考え方」です。解決への道のりを理解することは、自力解決の成功において大切な要素になります。また、道のりは1つだけではなく、様々な解決方法を把握することによって、自己調整できる学習者が育ちます。

▼子供の状態を4つに分類する

粘り強く取り組むことができる。これを本書では、**「学びのエンジンがあふれている」**と表現します。**「学びのエンジン」とは、子供の「解けるようになりたい！」「解決したい！」といった気持ち（意欲）**です。

課題解決の見通しをもつことができる。これを本書では**「『学びのマップ』をもっている」**と表現します。**「学びのマップ」とは、課題解決の見通しをもつための「見方・考え方」**です（「学びのマップ」については第3章で詳述します）。

この「学びのエンジン」を横軸に、「学びのマップ」を縦軸にして整理したマトリクス表が、上図です。

子供の学びの状態は、次の４つの型に分類することができます。

①自己調整型……学びのエンジンがあふれている×学びのマップをもっている
②自己完結型……学びのエンジンが少ない×学びのマップをもっている
③八方塞がり型…学びのエンジンが少ない×学びのマップをもっていない
④空回り型………学びのエンジンがあふれている×学びのマップをもっていない

ここからは、次の課題に対して、それぞれの型に当たる子供たちがどのような学習・心理状況なのかをみていきます。

田中くんは、1リットルのジュースを毎日200ミリリットルずつ飲むことにしました。ジュースがなくなるのは何日後ですか?

①自己調整型

自己調整型とは、様々な解決方法で試行錯誤しながら取り組む子供です。

上述の課題では、自己調整型の子供は、まずは必要な情報を整理しようと考えます。そして、この問題がわり算に関するものであることを理解し、1リットルを200ミリリットルでわることで答えを求めることを試みます。

さらに、この問題の解答が正しいかどうかを確かめるために、線分図を活用して情報を視覚的に整理し、解答と照らし合わせます。問題を解き終わった後は、問題の解き方が効率的であったかを振り返ることができます。

このように、問題を解いて答えを出すだけではなく、**答えを出すプロセスの振り返りを自ら行う姿**もみられます。

②自己完結型

自己完結型の子供は、「解けたらよい」という考えをもっています。解答はできるけれど、粘り強く取り組むことができず、自分の解答のみで満足してしまう傾向があります。

上述の課題では、問題文を読むとすぐに「わり算だ」と考え、詳細な情報整理や深い理解をせずに計算に移ります。問題を解いた後は、自分の答えを確認せず、自分の答えが正しいかどうか気にしません。

このように、**粘り強く取り組むことができない子供は、学習の深度や理解度に欠けることが多い**です。学びのエンジンをかけ、自己調整型にしていく必要があります。

③八方塞がり型

八方塞がり型とは、無気力で、テコでも動かすことが難しい子供です。問題文を読もうとしない子供もいれば、問題文は読んだものの理解するのが面倒だと感じ、違うページを見たり、友だちの邪魔をしたりする子供もいます。中には、ずっとぼうっとして1時間を終える子供もいるかもしれません。

このような八方塞がり型の子供に対しては、課題に苦手意識があるのか、何か悩み事があるのかなどを探っていく必要があります。八方塞がり型の子供が自分の考えをもてるようになれば、他の子供たちを机間指導できる時間も増えます。

まずは、子供が「やってみたい！」「できた！」と感じられる体験を積ませることが大切です。**はじめは思うような結果が出ないかもしれませんが、教師も粘り強くその子供と**

STEP3 観る

田中くんは、1リットルジュースを毎日200ミリリットルずつ飲むことにしました。ジュースがなくなるのは何日後ですか？

型	①自己調整型	②自己完結型	③八方塞がり型	④空回り型

学習前	何を聞かれているか整理しよう	わり算の問題でしょ！	めんどくさい 意味不明	ジュースをたくさんかこう
学習後	他のやり方でできないかな	早く終わった！ 簡単！	算数の時間終わらないかな	これでいいのかな？

向き合っていくことが必要です。

④空回り型

空回り型とは、粘り強く課題に取り組む意欲はあるものの、解決への見通しが誤っている子供です。

上述の課題では、1リットルを1000ミリリットルと単位変換せずに、1を200でわり続けたり、1リットルのジュースの絵をたくさんかいたりします。また、絵を丁寧にかき過ぎて、本来の課題解決への時間が足りなくなってしまうということも考えられます。

このような空回り型の子供に対しては、**課題を整理し「見方・考え方」を修正し**

てあげることで、自己調整型にしていきたいところです。

「観る」ステップのポイントを、前ページの図のようにまとめました。子供がどのような学習・心理状況なのかを把握することが、「観る」段階では大事になってくるのです。

観ることができたら、教師のフィードバック（診る）をしていきます。

4 診る
適切なフィードバックをする

▼「診る」とは

「診」という漢字が一般的にどのような熟語で使われているかというと、「診断」「診療」といった、医師が患者をみる場合があげられます。

これを教育に置き換えると、「診断的評価」という言葉が当てはまります。診断的評価とは、学習者の知識、技能、理解、および学習の過程やニーズを特定し、評価するための手法です。

本書では、机間指導においてこのように評価する段階、いわばフィードバックする過程を「診る」と定義づけます。

▼「診る」は最後の仕上げ

ここまで「見る」「視る」「観る」の机間指導の3つのステップを実践してきました。だからこそ、適切なフィードバック（診る）をすることができるのです。

診るには、以下の機能があります。

①補完　②修正
③探究　④刺激
⑤励まし

この5種類のフィードバックを行うことによって、机間指導をさらに充実することができます。なお、先に取り上げた自己調整型の子供は、多くの場合、事実を確認する言葉かけだけで、自分の学びを整理することができます。

①補完

補完とは、**教師の説明によって、新しい情報や視点を与え、子供の理解を促進する**ことです。具体的には、段階的に説明する、言葉を言い替える、といった手法をあげることができます。

②修正

修正とは、**教師の指示によって、子供の具体的な思考や行動を示したり、子供の動き出しを手助けしたりする**ことです。その際には、学びの意欲を下げることがないように言葉をかけることが大切です。

③探究

探究とは、**教師の提案によって、子供たちの好奇心を喚起し、新しい視点やアイデアの発見を促進する**ことです。具体的な方法としては、クローズドクエスチョンとオープンクエスチョンを使い分ける、気持ちを尋ねる、といったものが効果的です。提案においては、子供たちの「これならできそうだ！」「自分もやってみたい！」といった気持ちを引き出すような言葉かけが重要です。

④刺激

刺激とは、**教師が「ゆさぶり」の言葉かけをすることによって、子供の学習意欲を高めたり、さらに考えを深めたりする**ことです。教師が子供の解答を疑ったり、立場を変えて問いかけたりすることが重要です。

⑤励まし

励ましは、ほとんどの学習者にとって効果的です。ただし、励ましを受け入れがたいと感じる子供もいます。例えば、高学年ともなると、安易にほめられてもうれしくないと感じる子供もいます。そういったときは、**四字熟語で知的に伝える、具体的な姿から教師自身の考えを伝える、などの工夫をすることによって、励ましの意図が子供に伝わりやすくなります。**

以上のようなフィードバックを、子供の内面を見取ったうえで実践していくことが必要です。具体的な言葉かけについては、第４章（個に応じた机間指導）で紹介させていただきます。

第2章
8つの「感」と教師の言葉かけ

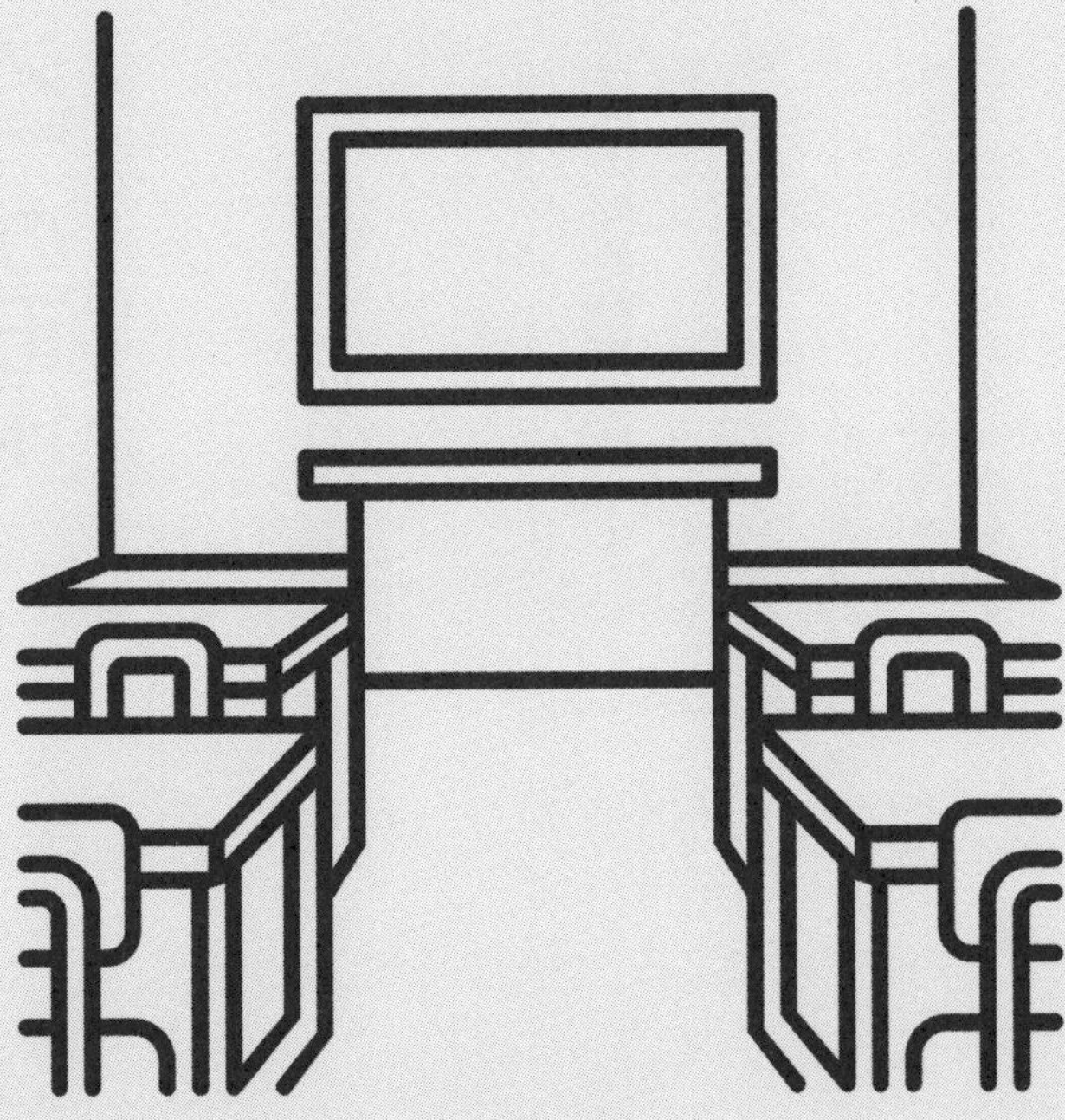

0 「学びのエンジン」の正体

▼Wエンジン

子供が学びに向かうには、主に2つの動機づけがあります。皆さんも聞いたことがあるかと思いますが、それは、**外発的動機づけと内発的動機づけ**です。

外発的動機づけとは、外からの報酬や罰によって行動を起こすことです。例えば、宿題を早く終わらせたら、アイスクリームがもらえる。このようなとき、子供はアイスクリームをもらうために宿題を一生懸命がんばります。これが外発的動機づけです。

内発的動機づけとは、自分自身の中からわき出てくる欲求や興味によって行動を起こすことです。例えば、絵をかくのが好きだから絵に没頭する。絵をかくこと自体がおもしろいから絵をかき続けるということです。絵をかくこと自体が報酬だと感じています。

▼外発的動機づけと内発的動機づけ、どちらがよいのか

内発的動機づけと外発的動機づけの関係性を理解することによって、長期的な学びや創造性を引き出すことができます。

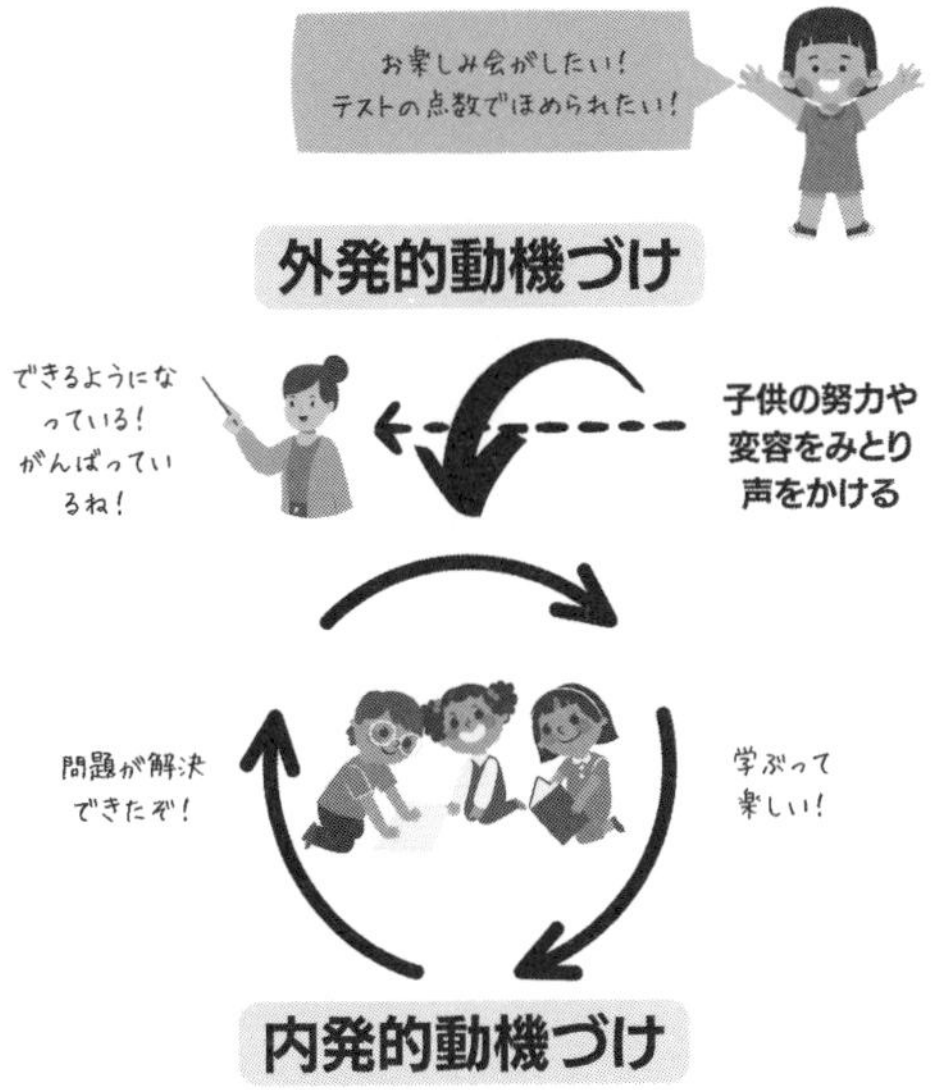

外発的動機づけと内発的動機づけの関係性については、一般的に、内発的動機づけの方が長期的に持続しやすく、深い学びや創造性を引き出すのに効果的とされています。好きなことや興味あることを見つけてそれを追究することによって、目標を達成することができます。

しかし、教育現場では一人ひとりの子供の心理的状況が異なるため、内発的動機づけを刺激することは容易ではありません。そのため、**外発的動機づけの活用**

も必要となり、巧みに活用しながら、内発的動機づけの感覚を味わわせることが求められます。

「外発的動機づけは報酬だけを期待してしまう人間を生み出す」という危惧もありますが、子供たちの努力に応じて報酬を設けるなどの外発的動機づけの手法は、子供のやる気を一時的に高め、特定の目標に向かわせる効果があります。複雑な家庭環境や自己肯定感の低さから内発的動機づけが難しい子供たちには、これらの手法が役に立つことがあります。

このように、適度さと方向性を意識し、自己（子供自身）の変容に焦点を当てて活用することで、外発的動機づけは内発的動機づけに結びつく可能性があります。

そのため、外発的動機づけを「よくない」と一概に評価せず、各子供の状況とニーズに応じて効果的に活用することが重要です。また、教師の適切なフィードバックと組み合わせることで、成長を促すためのより有効な手段となります。

▼「8つの感」を覚えさせる

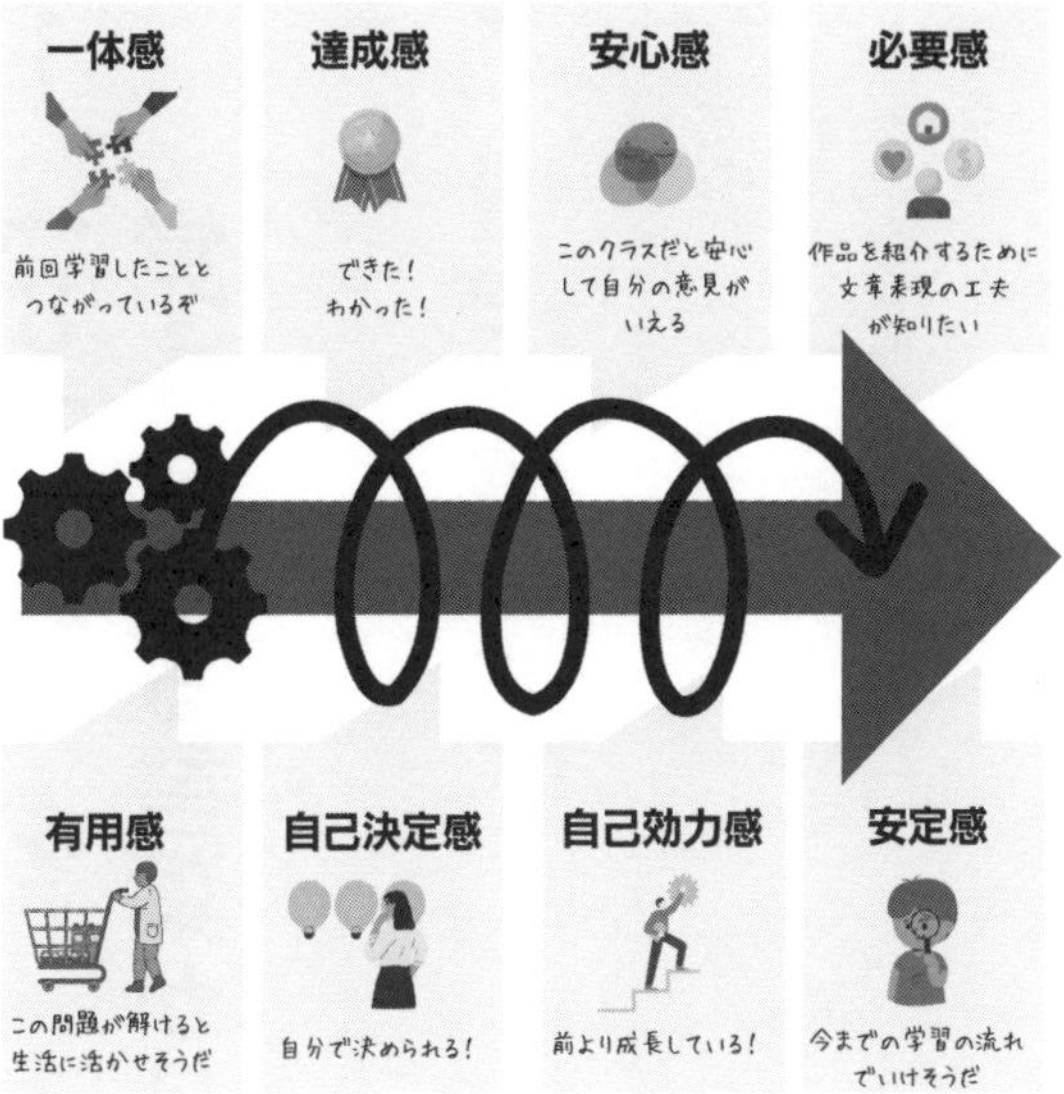
一体感
前回学習したことと つながっているぞ
達成感
できた! わかった!
安心感
このクラスだと安心して自分の意見がいえる
必要感
作品を紹介するために文章表現の工夫が知りたい
有用感
この問題が解けると生活に活かせそうだ
自己決定感
自分で決められる!
自己効力感
前より成長している!
安定感
今までの学習の流れでいけそうだ

教育現場において内発的動機づけを促す場合、着目すべき8つの要素があります。

それが、**①必要感、②安心感、③達成感、④一体感、⑤安定感、⑥自己効力感、⑦自己決定感、⑧有用感**です。

これらの8つを子供が感じることにより、内発的動機づけを促すことができるのです。

私は、これらを「8つの感」と呼んでいます。「8つの感」を覚えさせるような場面を机間指導を通して捉え、言葉かけすることが大切なのです。

1 「8つの感」を覚えさせる言葉かけ

▼「必要感」を覚えさせる

①だれに　（相手意識）
②何を　（内容意識）
③どのように　（方法意識）

この3つの視点で教師が言葉かけをすることによって、必要感を覚えさせることができます。

学習には、目的があります。理解したことやできるようになったことを活用し、表現する機会を設定します。

例えば外国語の授業では、学んだ表現を使って自分の町や地域のよさを発表する言語活動の場を設けます。すると子供たちは、We have、We can といった表現を習得する必要があります。

さらに、表現する相手を意識させることも効果的です。隣のクラスや、他の職員、地域の人たちなど「だれに」を考えさせることによって、学習の必要感を高めることができます。

また、どのような方法で表現させるかを考えることによって、既習事項を生かした表現を促すことができます。

このように、子供たちの「学ぶ必要がある」という内発的動機づけを刺激することができる学習のゴールを明確に設定し、「だれに」「何を」「どのように」という視点で、机間指導を通して教師が言葉かけをする必要があります。

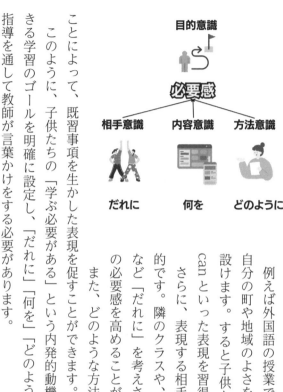

▼「安心感」を覚えさせる

内発的動機づけを促進するためには、子供が失敗を恐れずに新しいことにチャレンジすることができる安全な学習環境をつくることが大切です。

安全な学習環境を構成する要素は、次の2つです。

①心理的安全性
②明確な指示

①の「心理的安全性」とは、**子供が自分の意見や考えを自由に表現できると感じ、失敗や間違いを恐れず新しいことを試みることができる状態**のことです。

「○○さんのおかげでいつもすてきな授業になるよ」

「一緒に問題を解決していこう」

「教室は間違うところだよ。なんでも話してください」

「あなたの意見や考えは大切です」

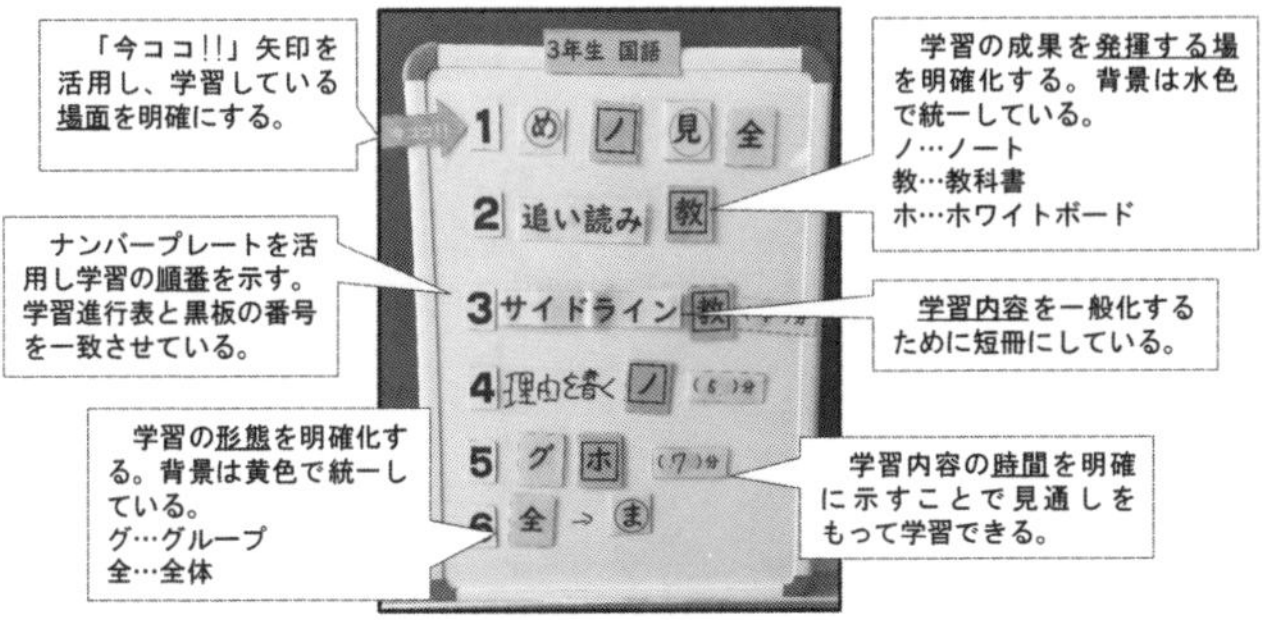
「今ココ!!」矢印を活用し、学習している場面を明確にする。
ナンバープレートを活用し学習の順番を示す。学習進行表と黒板の番号を一致させている。
学習の形態を明確化する。背景は黄色で統一している。
グ…グループ
全…全体
3年生 国語
1 め ノ 見 全
2 追い読み 教
3 サイドライン 教
4 理由を書く ノ
5 グ ホ
6 全 → ま
学習の成果を発揮する場を明確化する。背景は水色で統一している。
ノ…ノート
教…教科書
ホ…ホワイトボード
学習内容を一般化するために短冊にしている。
学習内容の時間を明確に示すことで見通しをもって学習できる。

「もっと聞かせてくれないかな？」

このような言葉かけで、安心して学習できる雰囲気を醸成していくことが大切です。これらを教師が常日頃からつぶやくことによって、子供たちは「間違えてもいいんだ。どんどんチャレンジしていこう！」という気持ちを内在化することができます。

②の「明確な指示」とは、**子供が何を、どのように進めればよいのかを明確に示す**ことです。

学習の流れを視覚化したり、学習進行表を活用したりすることによって、見通しをもって安心して学習に取り組むことができます。机間指導では、教師が「今3番だよ」などと言葉をかけることによって、子供も安心して学習に取り組むことができます。

▼「達成感」を覚えさせる

内発的動機づけを促進するためには、子供に「できた！」「わかった！」といった、学習における達成感を覚えさせることも大切です。

達成感を覚えさせるポイントは、次の2点です。

①変容
②積み上げ

この2点を意識した机間指導での言葉かけが大切になります。

①の「変容」とは、**子供が自分自身の成長に気づく**ことです。子供たちは、自分自身の成長や変化に常に気づいているわけではありません。教師がその変容を指摘し、肯定的にフィードバックすることで、成果や進歩を実感しやすくなります。

「前よりも上手にできるようになったね」

「最初は難しそうだったけど、今は自信をもって取り組めているよ！」

「前は手間取っていたけど、得意になっているね！」
「最初は迷っていたけど、自分で解決策を見つけて取り組んでいるのを見て、成長を感じます」

このように、子供が変容した姿に着目することで、子供の内発的動機づけを高めることができます。

②の「積み上げ」とは、**子供が自分自身の成長の過程に気づく**ことです。積み上げを意識させることで、子供は自分の努力や取組が実を結んでいると感じることができます。

「今日もコツコツ取り組んでいるね」
「君のがんばる姿にはいつも感心しています」
「あなたの努力や取り組む姿勢は、クラスの中でも際立っているよ」
「失敗を恐れずに取り組む姿は、先生も見習いたいな」

このように、積み上げているという事実を捉え、教師が肯定的フィードバックを机間指導を通して実践することによって、子供の達成感が満たされます。

▼「一体感」を覚えさせる

内発的動機づけを促進するためには、子供に「前回の学習とつながっているぞ！」といった学習における一体感を覚えさせることも大切です。

一体感を覚えさせるポイントは、次の2点です。

①学びの連続性
②学びの発展性

この2点を意識した言葉かけが大切になります。

①の「学びの連続性」とは、**学習内容が一貫しており、過去の学びと現在の学び、そして未来の学びがつながっている**ことです。

「前回は整数と同じように計算できたけど、今回はどうかな？」

「前回は消防士の訓練について学んだけど、消防署の設備はどうなっていそう？」

「前回の資料と何か関係ありそう？」

このように、学びの連続性を意識させる言葉かけをすることによって、子供の内発的動機づけを高めることができます。

②の「学びの発展性」とは、**基本的な内容から徐々にその学習内容を深く学んでいく**ことです。

「前回、地図記号を学習したおかげで、自分たちの地域の様子がわかるね」
「前回学んだ音符のおかげで、今日は新しい曲も吹けるようになっているね」
「前回、好きな動物について書くことができたから、今度は自分の気持ちも加えて書けそうだね」

このように、既習事項を活用して課題解決を促すことによって、子供は「一体感」を自覚します。

適切な言葉かけができるように、教師には系統性を意識した教材研究が必要になります。

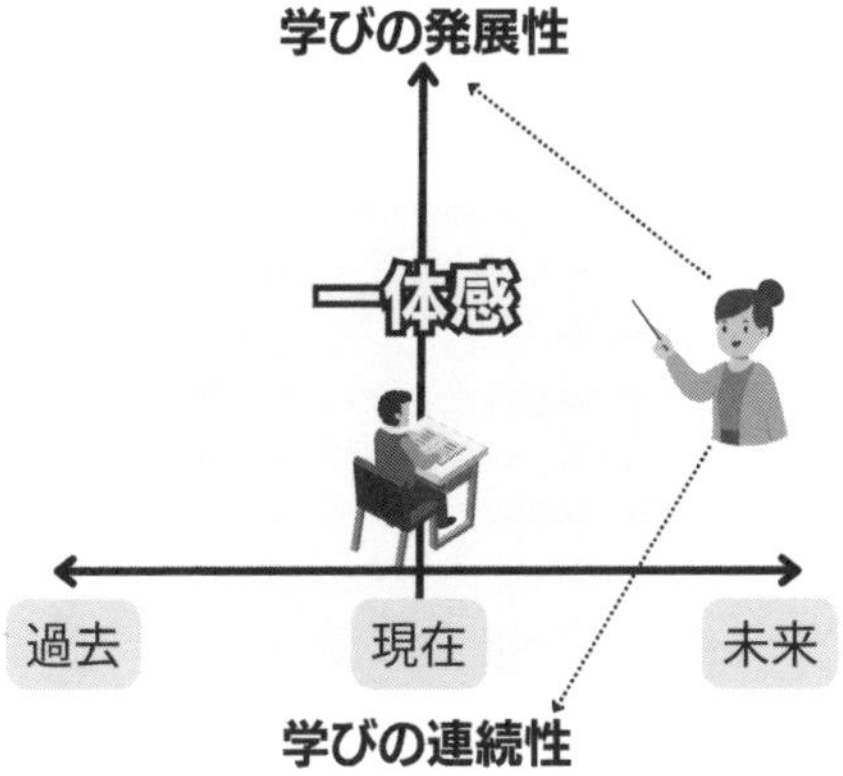

▼「安定感」を覚えさせる

内発的動機づけを促進するためには、子供に「今までの学習の流れでいけそうだ」といった学習における安定感を覚えさせることも大切です。

安定感を覚えさせるポイントは、以下の点です。

学習方法を教える

「学習方法を教える」とは、学習内容を教えることとは異なります。学習内容は、身につけるべき資質・能力に則って学習指導要領に明確に位置づけられています。学習方法を教えるというのは、この学習内容を身につけるための方法を教えるということです。

国語を例に考えます。学習指導要領の第三学年及び第四学年に、「目的を意識して、中心となる語や文を見付けて要約すること」という学習内容があります。

要約することが求められていますが、「要約とはどうすればよいのか」ということを、

要点（段落ごとの大切な部分をまとめたもの）

①段落の中の文を数える。

②中心文を決める。

はじめ…問いの文
な　か…事例のまとめの文
　　　…問いの答え
おわり…まとめの文、筆者の主張

②中心文を短くまとめる。

じゅつ語
しゅうしょく語
主語

子供たちと手順に沿って確認することが学習方法を教えることになります。

要約の前段階として、要点を押さえることが肝要です。要点のつくり方を子供たちと確認しておきます。私は上図のような掲示物を活用して、要点のつくり方を子供たちと共有しました。

そして、いきなり「要約しましょう」と指示するのではなく、

「要点はどのようにつくるんだったっけ？」

といった言葉かけで今までの学習方法で課題が解決できるという安定感を生み出します。

他にも、算数の自力解決で困っている子供がいた場面においても、「絵をかいてみる？」「文章で言葉を整理してみる？」「ブロックを使う？」といった学習方法を教師が机間指導で提案することで、子供たちの学習に安定感が出てきます。

▼「自己効力感」を覚えさせる

内発的動機づけを促進するためには、子供に「自分なら解決できる！」といった学習における自己効力感を覚えさせることも大切です。自己効力感とは「自分は目的を達成できる能力をもっている」と認識することを意味します。つまり、自信です。

自己効力感を覚えさせるポイントは、次の2点です。

①成功体験
②代理体験

この2点を意識した言葉かけが重要になります。

①の「成功体験」を想起させるとは、**以前その子が達成できた経験を教師が言葉で思い出させる**ということです。

「以前に困ったときも、最後まで粘り強く考えて、答えが出せたよね」

「あなたはいつも新しいことに挑戦する勇気があるね。その勇気を信じて、今回の新し

い活動にも取り組んでみて！」

「以前つくった作品、すごかったなぁ。今回も見せてくれるかな？」

こういった言葉かけが、子供に自己効力感を覚えさせます。

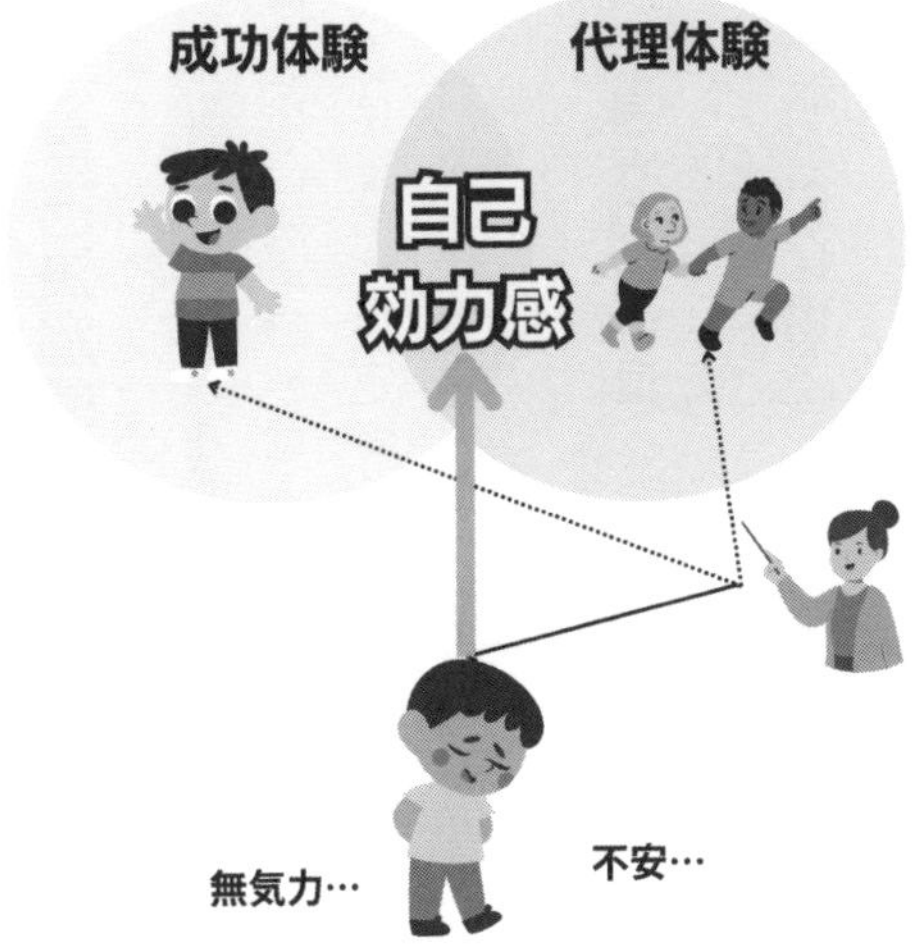

②の「代理体験」とは、**自分以外の他者の成功体験**のことで、それらを見聞することで、「自分にもできる」と思えるようにします。

「先生も、6年生のとき、点対称の図形がかけなかったんだけど、補助線を引いたらできたんだ」

「去年の3年生もローマ字覚えるのに苦労したけど、毎日練習したら覚えられたんだよ」

このように、他者の成功体験から、子供の「自分もできる！」という気持ちを引き出すことができます。

▼「自己決定感」を覚えさせる

内発的動機づけを促進するためには、子供に「自分で決められる！」といった学習における自己決定感を覚えさせることも大切です。自己決定感とは「自分の選択や行動が自分自身によって決定されている」と感じることです。

自己決定感を覚えさせるポイントは、次の点です。

選択の自由度

「選択の自由度」とは、**子供に選択肢を提供することで、自己決定の度合いを高める**ことです。

困り感のある子供には、自信がなかったり、解決の見通しがもてなかったり、やる気が起きない、といった心理的背景があります。

そこで、教師が解決方法をいくつか提案し、子供に選択させます。子供は、選択することによって、「自分で決めることができた」「自分が決めたならがんばろう！」という気持ちになります。選択することは、子供にとってハードルがそれほど高くないので、学びのエンジンがかかりやすくなります。

例えば、4年社会「自然災害からくらしを守る」では、地域の防災マップや県のパンフレット、外部リンクなど調べる手法をあらかじめ用意しておきます。

そして、調べる手が止まっている子供がいたら、

「どれで調べてみる？　せーので指さして」

といった言葉かけをすることによって、子供たちは「自分で学習方法を選択できた」という気持ちになります。

算数の図形の学習においても、棒で形をつくる、色板で形をつくる、絵をかく、箱を切るなど、様々な方法でアプローチすることが考えられます。

机間指導を通して、手が止まっている子供に寄り添い、学習方法を選択する自由度を高めることが重要です。

▼「有用感」を覚えさせる

内発的動機づけを促進するためには、子供に「この問題が解けると生活に生かせそう！」といった学習における有用感を覚えさせることも大切です。有用感とは、学習内容が、自分の目的や価値にとって有益であると感じることです。

有用感を感じさせるポイントは、次の2点です。

①実生活との関連
②興味関心との関連

この2点を意識した言葉かけが必要です。

①の「実生活との関連」とは、**学習内容が日常生活や将来の職業など具体的な状況と結びついている**ことで、そういった実用性を感じると、有用感が高まります。

「この動物の話を学ぶと、動物園で見るときもっと楽しめるよ！」
「おうちの人にお手紙を書くときに使えるね！」

「この問題が解けると、お得にお買い物ができるようになりますよ」
「この文法を覚えておくと、海外でのコミュニケーションがスムーズになります」

このような言葉かけです。

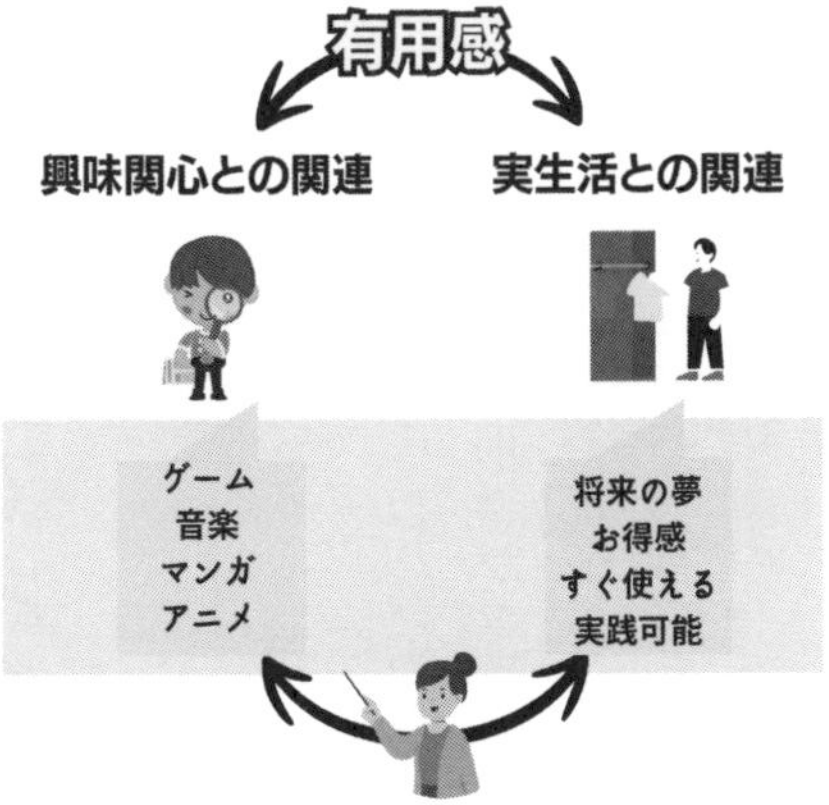

また、実生活だけでなく、②の「興味関心との関連」を意識した言葉かけも、有用感を高めます。

「この歴史の話、君が読んだ漫画と関係あるかもね」
「このフレーズは、あなたがよく聞く英語の歌に出てくるかも」
「この登場人物、あなたが読んでいる漫画の主人公と似ている場面があるかも」

このように、子供たちの興味関心を刺激する言葉かけをすることによって、「学習してみたい！」という内発的動機づけを高めることができます。

2 もっておきたい子供像

机間指導で大切にしたいのが、教師がはっきりとした子供像をもっておくことです。机間指導では、指導がうまくいかないことがあります。教えても、子供が反応してくれない。説明しても、理解してくれない。そんな状況で、つい苛立ちを見せてしまうときがあるかもしれません。しかし、そんなときも子供像に立ち戻れば、自分の気持ちを整理して、子供と向き合うことができます。

▼子供は考えている

子供は、反応がないときでも実は頭の中では、ぐるぐると何かを考えています。**ただ、**

それが言語化できないだけです。1時間の授業の特定の課題に立ち止まっているだけではありません。そのときの心理的状態や環境に応じて様々なことを思い、考えながら、そこに「いる」のです。

だからこそ、教師は受容的な態度で粘り強く子供をみていく必要があります。**たとえその時間に子供の反応がなかったとしても、子供の中に残るものはあります。**

教師は焦らず、子供の成長を見守っていきましょう。

▼子供は伸びようと思っている

「子どもというのは、「身の程知らずの伸びたい人」のことだと思うからです。いくつであっても伸びたくて伸びたくて…、学力もなくて、頭も悪くてという人も伸びたいという精神においてはみな同じだと思うんです。一歩でも前進したくてたまらないんです」

大村はま氏は、著書『教えるということ』（共文社）でこう述べています。この一節は、初任者のときに拠点校指導の先生が教えてくださいました。

私は、教師が工夫して導入を考え、展開であらゆる指導技術を駆使し、終末で学習内容をまとめる。このような学習をどのように構築していくかが大切だと思っていました。

しかし、この一節を聞いて、もっと子供を信じてもよいのだと思いました。よい意味で期待し過ぎない。「こうあるべきだ」「こうなっていくだろう」という教師の枠に収めようとしない。

机間指導でも同じことが言えるかもしれません。子供が本来もつ「伸びたい」という気持ちを汲んで、1人の人間として言葉をかける。そもそも、教師が子供を自分の意図しているように変えるということ自体おこがましいことです。

このように、**子供の「伸びたい」という気持ちを支え、引き出すマインドが、机間指導では大切になってきます。**

▼子供はともに学ぶ存在である

教師が子供に「教える」という価値観をもつのは、教師が学びの目的や内容を熟知しているから生まれるものであると考えます。けれども、この価値観は、今の子供たちには必ずしも通用しません。多様な背景をもつ子供たちに、教師の一面的な見方による授業は効果的ではありません。

「問いは連続するほど楽しい」ということを、皆さんは感じられたことがあるでしょうか。問いがあるからこそ、それが子供たちの「学びのエンジン」となり、学習に向かうことができるのです。子供の素朴な疑問や関心から授業をデザインすることによって、子供に寄り添った学びを展開することができるのです。

４年・社会で自然災害について学習しました。導入場面では、鹿児島県で起こった「８・６水害」のニュース動画を見ました。子供は、「なんでこんな水害に発展したのだろう」という問いに直面しました。資料を集めると、鹿児島県の自然災害は水害が圧倒的に多いことがわかります。

そして、「どうして水害が多いのだろう」と地理的状況を調べました。鹿児島県は南に位置していることから、台風の通り道であることに気づきます。また、自分たちの住む地域も土砂災害危険区域があり、水害が起こりやすい状況であることを理解しました。

これらの水害が起こりやすい状況から、様々な関係機関が連携してまちの暮らしを守っていることについて理解しました。自助・共助・公助の関係です。これだけ関係機関が努力しているのに、毎年のように水害が起こる。「本当にこの連携の仕方でよいのか」というように、批判的な問いをもつ子供たちもいました。

このように、子供たちの連続した問いから学習をつくることができます。学習を進めていく中で、問いの解決が新たな問いを生み出します。**教師も子供の問いに一緒に悩んだり、言葉かけや励ましをしたりしていくことが大切**だと感じました。

▼子供は学びの主役である

子供の学びは、子供のためにあります。これは、だれもがわかっていることだと思います。教師が子供に授業を「任せる」という表現がありますが、この表現さえも、教師主体なのではないかと私は疑っています。学びとは本来子供のものなのに、教師が取り上げているような感覚です。

国語の音読の授業で、登場人物の気持ちを考える場面がありました。

私は、次のように子供たちに尋ねました。

「うれしい気持ち、悲しい気持ち、おじいさんの気持ちはどれかな?」

「おじいさんは、うれしい気持ち」

「あさがおが咲いたときくらいうれしい気持ち」
「おじいさんは、プールがあるときくらいうれしい気持ち」
「朝、運動場に出られなかったくらいの悲しさだな」

こんなふうに、うれしい気持ちの中にも度合いがあるということを子供たちは教えてくれました。私はおじいさんの気持ちが考えやすいように、「うれしい」「悲しい」の2択で問いましたが、それは子供たちにとっては少しお節介だったようです。

この経験を踏まえて、子供たちは、にっこりマークだけではなく、口元が少しにっこりした顔、困った顔、不思議そうな顔など、様々な表情の音読マークを自分たちで考えてつくり出しました。

このように、教師が登場人物の気持ちを尋ねるだけで、子供たちは多様な自分の経験と照らし合わせながら学習を進めることができるのです。**教師は、教材と子供の間に在り、教材と子供の距離を縮めるくらいの立ち位置でよいのではないか**と考えます。だからこそ、机間指導において、教師は子供が自分の思い通りに理解することができなくても、焦ることはないのです。**「その子自身の学びがある」ということを理解して、信じることが大切**です。

3　教師のNG机間指導

教師がよかれと思って言葉をかけても、それが子供にとってはマイナス要因となり、やる気が急激に下がるということがあります。これは、教師・子供双方が困っている状態なのかもしれません。

ここでは、陥りがちな例をあげていきます。

▼ほめ言葉を投げかけているだけ

確かに、ほめ言葉をかけることでやる気になる子供はいます。しかし、ほめ方によっては、逆に子供のやる気を奪ったり、不信感をもたれたりします。

では、どのように子供に言葉をかければよいのでしょうか。

事実や行動＋称賛

子供が不信感をもつのは、ただほめ言葉（称賛）だけを投げかけているからです。**しっかりと子供の事実や行動を視て、言葉をかける必要があります。**

「段落のはじめに順序を表す言葉が書かれていて（事実）、伝わりやすいね（称賛）」

このように、子供の事実を述べた後に称賛の言葉を使うと、子供は「自分の学びの成果を見てくれている」と、安心した気持ちになります。

▼子供の目線になっていない

子供の目線になっていない。これは文字通りの意味です。机間指導は、教師が上から見下ろすような形になってはいけません。子供と同じ目線で一緒に悩んだり、提案したりすることにより、子供は「先生が一緒に考えてくれている」と、安心感をもつことができます。

この姿勢は、教師の「みる」視点にも効果的です。子供の目線になることで子供の視線や、表情などをさらに感じ取りやすくなります。

▼思考を遮って指導に入る

課題提示後、子供は考えています。黙って手を動かしていないだけで、「どのように解答しよう」「本当に解答できるのかな」と、頭の中ではぐるぐる思考を巡らせているかもしれません。そんなときに教師が机間指導に入ると、集中力とやる気が途切れることがあります。

机間指導では、子供の思考に不用意に立ち入らないように、子供を「観る」ことによって、適切な言葉かけをする必要があるのです。

中には、教師に見られていることによって、気が散ったり、プレッシャーを感じたりする子供もいます。教師はそれほど子供にとっては大きな影響を与える存在なのです。**近くでじっと見つめるのも、時として子供にはプレッシャーになる**ということを覚えておきましょう。

▼「わかった？」と確認する

机間指導において、教師が一方的に説明をして、「わかった？」と聞いてしまうことがあると思います。「わかった？」という言葉は、子供の理解度を直接確認する言葉です。しかし、教師から「わかった？」と尋ねられると、子供はわかっていなくても「はい」と答えてしまうことがあります。わからないのに「はい」と答えてしまったことで、子供はその後教師に尋ねづらくなってしまいます。

そこで、理解度を確認したいときは、「この問題はどの部分が難しかった？」と尋ねてみましょう。すると、難しかった箇所を子供は指さして教えてくれます。

それに対して教師は、「確かにそこは難しいよね」と共感します。そのとき子供の表情が曇っていたら、理解できていない可能性が高いでしょう。そんなときは、「もう一度一緒に先生も考えていいかな？」と尋ね、再チャレンジを促します。

このように、**「わかった？」と直接的に問うのではなく、子供が困難だと感じた箇所を明確にして、子供の気持ちに共感しながら理解度を探る**ことが必要なのです。

▼つきっきりで指導する

机間指導を行う際、教師が子供の学びを促進するために言葉かけをすることは重要ですが、子供がやる気を出し、課題解決できるまでつきっきりで指導を続けることは、最適ではないように思います。

なぜなら、過度な指導は子供が自らの力で問題を解決する機会を奪い、「自分でできた」という自己効力感を抱けなくなるからです。

また、他の友だちが1人で作業している中での教師のつきっきりの指導は、ストレスや挫折感を覚えさせてしまうことがあります。

そして、1人の子供に集中し過ぎることによって、他の子供が必要としているサポートや指導を受けられなくなります。

このように、つきっきりで指導することにはマイナスの効果があるということを頭に置きたいものです。**「今日は気持ちが乗らないんだな」と、軽く受け流すマインドも時には必要です。**

第3章
「学びのマップ」を子供に渡す

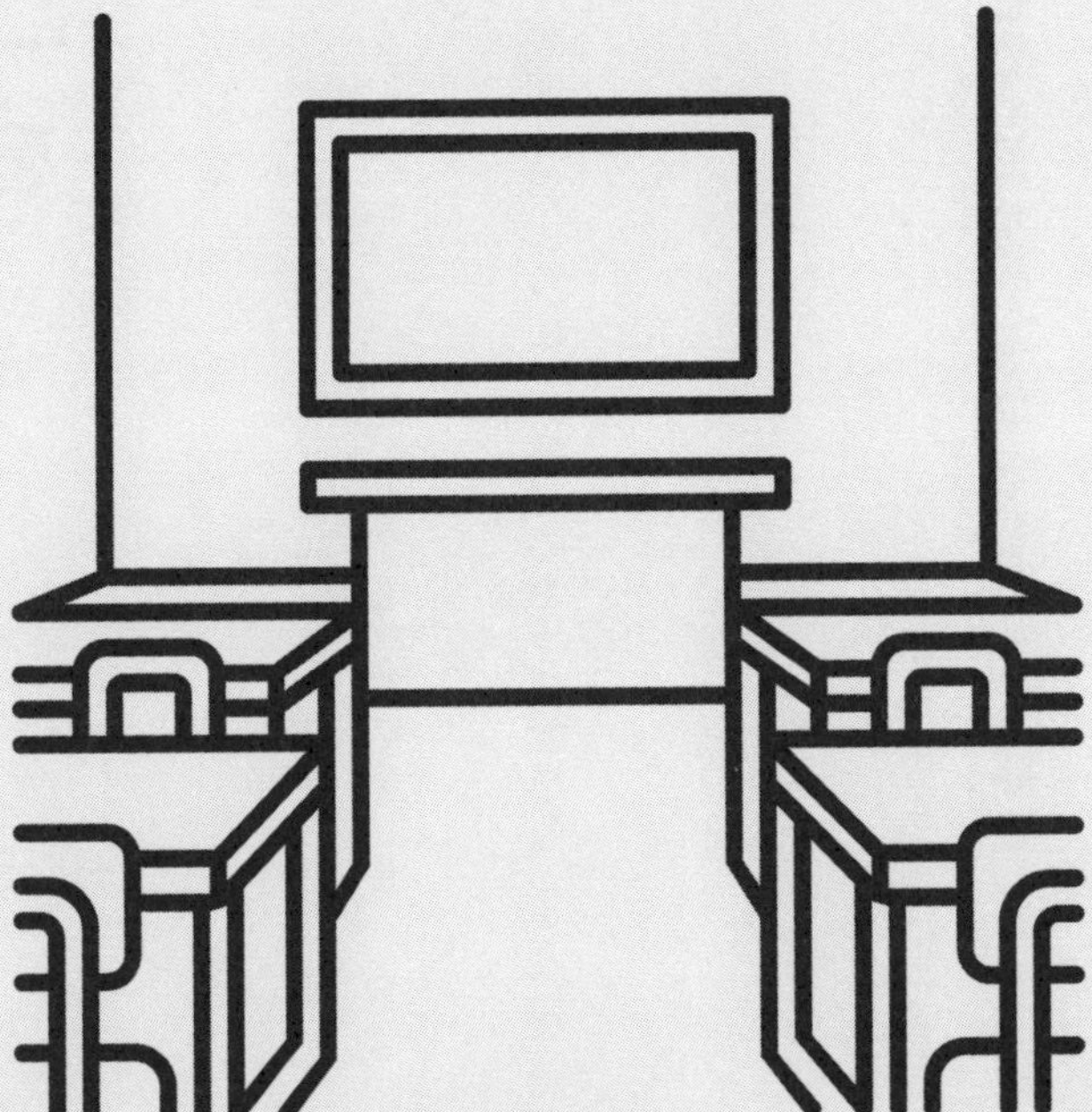

0 「学びのマップ」を子供に渡す

▼「学びのマップ」とは

第1章の「観る」ステップにおいて説明したように、「学びのマップ」をもっていない子供は、次の2つの型に分類されました。

①空回り型
②八方塞がり型

①の「空回り型」とは、自力解決に黙々と取り組んでいると思いきや、間違った方向に解決を進めている子供を指します。

②の「八方塞がり型」とは、無気力で、テコでも動かすことが難しい子供です。

空回り型は、早めに教師が机間指導で言葉かけをして、学びを修正することによって、解決することができます。

八方塞がり型は、学びのエンジンも少なく、解決方法の見通しをもつことができていません。

これらのことから、「学びのマップ」には、次の2つの効果があることがわかります。

①子供の学習状況を修正する
②課題解決の見通しをもたせる

さて、「学びのマップ」とは、第1章で述べた通り、**課題解決の見通しをもつための「見方・考え方」**です。

「見方・考え方」とは、どのような視点で物事を捉え（見方）、どのような考え方（考え方）で思考していくのかというその教科ならではの物事を捉える視点や考え方です。

見　方→各教科の視点
考え方→解決方法

見方は、国語→言葉、算数→数字、社会→位置・時間、理科→自然…というように、シンプルに大枠を捉えてきます。学習領域と見方をリンクして捉えることができる教科もあります。

この見方から課題にアプローチする方法が考え方です。

考え方には様々な方法があります。それらをまとめたのが次ページの表です（総合的な学習の時間の学習指導要領解説において、「考えるための技法の例と活用の仕方」として示されているものを整理した一覧です）。

教師はこれらを頭に入れておき、子供に「学びのマップ」を渡す必要があります。

これらの考え方の活用や、各教科の学習指導要領に明記されている教科の特質に応じた「見方・考え方」を引き出すような言葉かけを教師が意図的に実践することが必要です。

思考スキル		説明
順序付ける	Z A ↓	複数の対象について、ある視点や条件に沿って対象を並び替える
比較する		複数の対象について、ある視点から共通点や相違点を明らかにする
分類する		複数の対象について、ある視点から共通点のあるもの同士をまとめる
関連付ける		複数の対象がどのような関係にあるかを見付ける／ある対象に関係するものを見付けて増やしていく
多面的に見る 多角的に見る		対象のもつ複数の性質に着目したり、対象を異なる複数の角度から捉えたりする
理由付ける		対象の理由や原因、根拠を見付けたり予想したりする
見通す		見通しを立てる 物事の結果を予測する
具体化する		対象に関する上位概念・規則に当てはまる具体例を挙げたり、対象を構成する下位概念や要素に分けたりする
抽象化する		対象に関する上位概念や法則を挙げたり、複数の対象を一つにまとめたりする
構造化する		考えを構造的（網構造・層構造など）に整理する

考え方の様々な方法

1 「学びのマップ」を子供に渡す
国語編

▼国語科の「見方・考え方」とは

学習指導要領解説において、国語科の「見方・考え方」（言葉による見方・考え方）は以下のように示されています。

> 対象と言葉、言葉と言葉との関係を、言葉の意味、働き、使い方等に着目して捉えたり問い直したりして、言葉への自覚を高めること

このことから、「見方→対象と言葉、言葉と言葉との関係、言葉の意味、働き、使い方」「考え方→問い直す」と整理することができます。

国語という教科は、「言葉」が大きなキーワードになります。知っている言葉でも、「なんとなく知っている」ではなく、深く学ぶために「問い直す」という文言が使われているのではないかと推測することができます。

そこで、国語科における「学びのマップ」は、**言葉に着目して問い直すことを重点的に示す必要がある**と考えます。

▼実際の言葉かけ

①対象と言葉に着目する

対象と言葉に着目することによって、登場人物の心情や、図表の補足的な文章表現を読み取ることができます。また、題名に着目することによって、文章を多面的・多角的にみることができます。

『すがたをかえる大豆』の『すがたをかえる』とはどういうことだろう？」（見通す）

「この言葉は鳥獣戯画のどの部分を示している？」（関連付ける）

「この自動車の仕事について説明している文章はどれかな？」（関連付ける）

このように、**対象と言葉に着目する言葉かけをすることによって、表やグラフ、写真、図と文章の関係について考えることができます。**視覚的な資料と言葉を結びつけることで子供の学びを深めていく手立てとしていきます。

②言葉と言葉との関係

言葉と言葉との関係に着目することによって、筆者の意図を深く読み取り、文の構造や意味を深くつかむことができます。

「この説明文の段落を仲間分けできそう？」（構造化する）
「どのこまの説明が伝わりやすい？」（評価する）
「豆太は、どの場面が一番怖がりだったのかな？」（比較する）
「アップとルーズの説明の仕方はそれぞれ似ているところがない？」（分類する）

このように、**教師が着目すべき言葉や場面を示したり、尋ねたりすることによって、拡散していた子供の思考は焦点化していきます。**

③言葉の意味

言葉の意味に着目するとは、言葉本来の意味に着目する場合もありますが、文意から言葉の意味を読み取る、読解的な意味について着目する場合もあります。

『勇気』と『決意』、どこが違うのかな？」（比較する）

「けむりって青い？」（関連付ける）

「『きらきらわらう』とはどういうこと？」（理由付ける）

「菜の花横町という名前にしたのはどうしてかな？」（理由付ける）

「春という言葉からどんなことが想像できるかな？」（見通す）

このように、**言葉の意味を考えさせることによって、文の内容や作者の意図を正確に捉えることができます。**教師が机間指導で「この言葉はどういう意味だろう？」と尋ねるだけでも、子供の思考は動き始めます。まずは、広義の言葉の意味から入り、文章に慣れ親しんだ後に、その文章に適切な言葉の意味を探らせる、といったスモールステップの言葉かけもテクニックとして活用することができます。

④言葉の働き

言葉の働きに着目するとは、言葉が文章中で果たす役割や機能を理解することです。

「『からっと晴れていて』という言葉は必要かな？」（理由付ける）
「この詩の中で、最初に心に残った言葉は何ですか？」（順序付ける）
「『しかし』というつなぎ言葉からどんなことがわかりそう？」（見通す）
「『ふみしめて』とあるけれど、どのように立ち上がったのかな？」（理由付ける）

このように、**言葉の働きを考えさせることによって、筆者が文章で強調したかった内容について迫ることができます。**物語文においても、ただ「登場人物の気持ちを考えましょう」では、子供の手は止まってしまいます。言葉の働きに着目することによって、登場人物の心情が鮮明に浮き彫りになってきます。どの言葉の働きに着目させるかを教材研究の段階で考えておくことが大切です。

⑤言葉の使い方

言葉の使い方に着目するとは、言葉の選び方や、配置、文の中での使い方を理解することです。

「『行こっか』にはどんな思いが込められていそう？」（多面的・多角的に見る）
「どうして『ずうっと、ずうっと』と繰り返しているのだろう？」（理由付ける）

「事実と感想を分けてみよう」（分類する）
「『まるで』という言葉は、どういうときに使うかな？」（関連付ける）

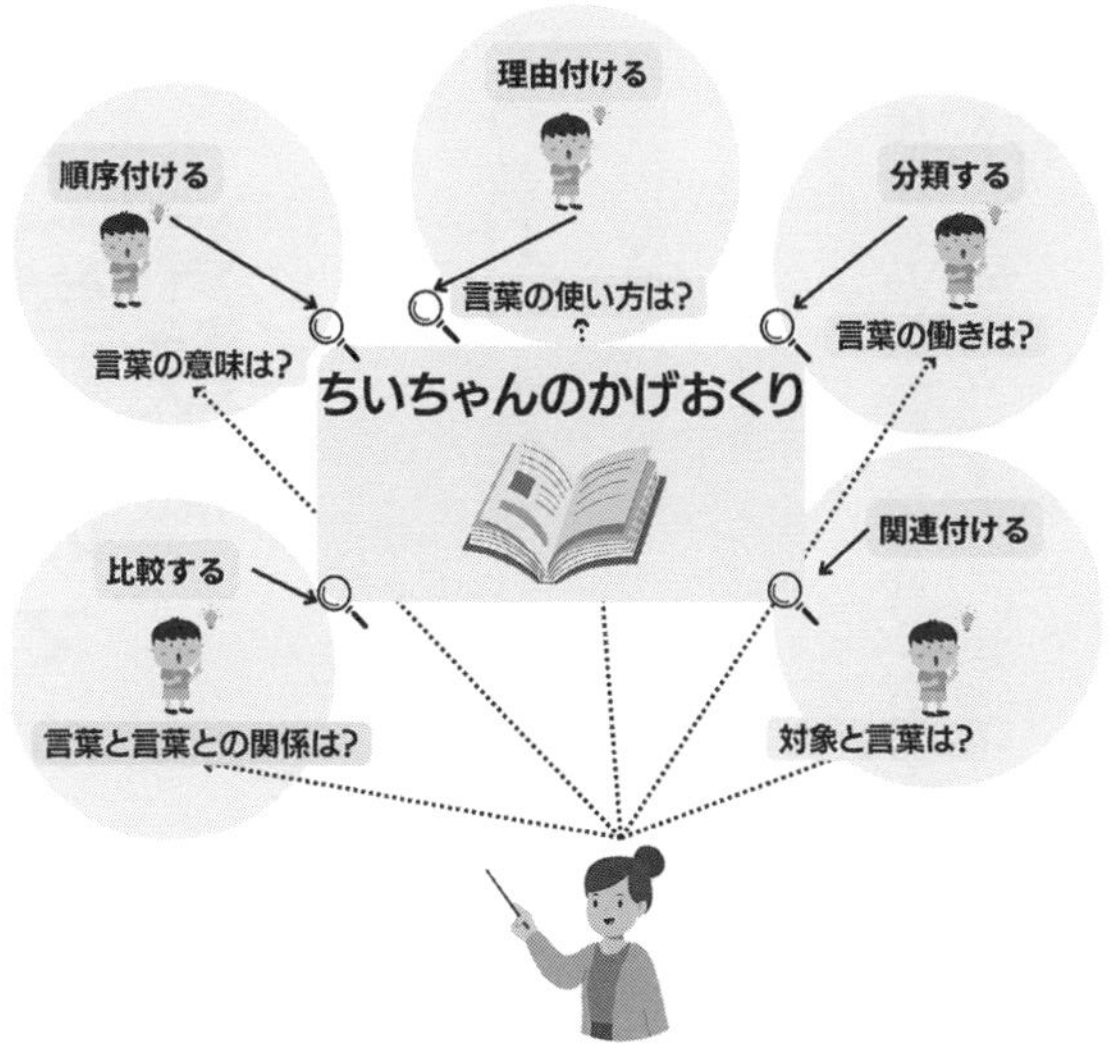
理由付ける
順序付ける
分類する
言葉の使い方は?
言葉の意味は?
言葉の働きは?
ちいちゃんのかげおくり
関連付ける
比較する
言葉と言葉との関係は?
対象と言葉は?

このように、**普段使用しない書き言葉や話し言葉に焦点を当てて文章における使われ方について理解を促す視点にすることができます。**また、文章表現から筆者や登場人物の思いを探ることができます。子供が違和感を覚える言葉をピックアップすることが重要になってきます。

このように、国語科における見方と、考え方の様々な方法を組み合わせることによって、子供たちに「学びのマップ」を渡すことができます。

2　「学びのマップ」を子供に渡す　算数編

▼算数科の「見方・考え方」とは

学習指導要領解説において、算数科の「見方・考え方」（数学的な見方・考え方）は以下のように示されています。

> 事象を数量や図形及びそれらの関係などに着目して捉え、根拠を基に筋道を立てて考え、統合的・発展的に考えること

このことから、「見方→数量や図形（及びそれらの関係）」「考え方→筋道を立てて考える、統合的に考える、発展的に考える」と整理することができます。

算数という教科なので、もちろん数量や図形に着目します。考え方については、目的に応じて図、数、式、表グラフなどを活用し、根拠を基に筋道を立てて考えることが求められます。

これらの「見方・考え方」を根拠にした「学びのマップ」を渡すことによって、子供たちは解決の見通しをもって学習に取り組むことができます。

▼実際の言葉かけ

①1つ分をつくる

1つ分をつくることを促す言葉かけは、**具体的な数や単位を基準として、他の数や量を理解しやすくするための方法**です。

「0・3は0・1が3つ分だから、0・6は0・1がいくつ分だろう?」
「1/4は4つに分けられた1つ分だよね。それなら3/4は1/4がいくつかな?」

②分ける

分けることを促す言葉かけは、**数量や図形、単位を分解することで、理解を深めるための方法**です。

「位ごとに分けて計算してみよう」

「円を4つの同じ大きさに分けてみよう」

「時間と分を分けて計算してみよう」

③具体化する

具体化することを促す言葉かけは、**抽象的な概念や問題を具体的なものや状況に置き換えることで、理解しやすくするための方法**です。

「折り紙を使ってこの三角形をつくってみよう」

「ブロックを使って、3つずつまとめてみよう」

「1mはこの定規いくつ分かな?」

④まとめる

まとめることを促す言葉かけは、**情報や物事を整理し、1つのグループや単位にまとめることで、全体の概念や構造を理解しやすくするための方法**です。


「47を10でまとめると、40と7でまとめられるよね」

「四角形の種類をそれぞれまとめてみたらどうなるかな？」

「このデータを見ると、大部分の値はどの範囲に集まっているかな？」

⑤そろえる

そろえることを促す言葉かけは、**数量や、図形の特徴を一定の基準や順序に従って整列させることで、比較や分析をしやすくするための方法**です。


「これらの長さをすべてセンチメートルにそろえてみたら？」

「分数をたすときは、分母をそろえる必要があるよね」

「テストの点数を高い順にそろえてみたら何かわかりそう？」

⑥類推化する

類推化することを促す言葉かけは、**既習事項や経験を基に新しい概念や技能を学ぶ際に**

有効な方法です。

「四角形について学んだとき、すべての辺の長さが等しいものが正方形だったよね。三角形ではどうかな？」

「1kgが1000gだったから、1tは？」

「5×4は20だったよね。50×4はどうなりそうかな？」

⑦順序立てる

順序立てることを促す言葉かけは、根拠を基に筋道を立てて考え、手順や一定の順序、ロジックに従って整理する際に有効な方法です。

「『まず』『次に』『さらに』という言葉を順に使ってみよう」

「まずは中心を探してみよう」

「まずは（　）の中から計算するのだったよね」

⑧条件を変える

条件を変えることを促す言葉かけは、問題や状況を変更し、複雑な問題をよりシンプル

1つ分をつくる
1
0.3は0.1が3つ分だから…
分ける
位ごとに分けると
具体化する
具体物で表すと
まとめる
数を10でまとめると
そろえる
位をそろえると…
類推化する
2年生で学習した「たし算」と同じように考えると
順序立てる
1
2
3
4
まず，次に，さらに，最後に
条件を変える
問題の数値を1桁で考えると…

な形に変えて考えることで解決への手がかりとする方法です。

「10人の友だちに2つずつクッキーを配る場合を考える前に、2人の友だちに2つずつ配るとどうなるかな？」

「半径が12のときの円の面積を考える前に、半径が1のときはどうなるだろう？」

「57＋68を考える前に、7＋8の答えを教えて」

以上のような視点をもって机間指導をすることによって、子供に「学びのマップ」を渡すことができます。日々の教材研究においては本時で活用できる「見方・考え方」を明確にします。子供たちが解決の見通しをもつことができるような言葉かけを机間指導で実践していきましょう。

3 「学びのマップ」を子供に渡す 社会編

▼社会科の「見方・考え方」とは

学習指導要領解説において、社会科の「見方・考え方」（社会的事象の見方・考え方）は以下のように示されています。

> 社会的事象を、位置や空間的な広がり、時期や時間の経過、事象や人々の相互関係などに着目して捉え、比較・分類したり総合したり、地域の人々や国民の生活と関連付けたりすること

このことから、「見方→位置や空間的な広がり、時期や時間の経過、事象や人々の相互

関係」「考え方→比較・分類したり総合したり、地域の人々や国民の生活と関連付ける」と整理することができます。

社会では、問いを見つけるという活動も重要になります。位置や空間的な広がり（見方）を視点として、比較・分類（考え方）することで問いをつくることができます。

問いをもたせるということは、新たな視点を子供に提供することです。そこで、社会の授業の机間指導においては、困り感を覚えている子供たちに、社会科の「見方・考え方」を基にした言葉かけをする必要があります。また、棒グラフや、地図といった視覚資料についても、どこを読み取ればよいのか気づかせる言葉かけをしていきます。

▼実際の言葉かけ

①位置や空間的な広がり

位置や空間的な広がりへの着目を促すことで、地域の位置、気候、地形などの地理的な特徴から、社会的事象を捉えることができる言葉かけです。

「おうちのまわりには何が見える？」（地域）

「私たちのまちは、海と山どちらが多いかな？」（地域）
「この町で一番高い建物は？」（範囲）
「水害が起こりやすいのはどこまでかな？」（範囲）
「工業地域はどこに集まっている？」（分布）
「古墳が多い地域はどこでしょう？」（分布）

このように、**どのような場所にあるか、どのように広がっているかといった、分布、地域、範囲の視点を気づかせることによって、社会的事象を身近に感じたり、地理的背景から関連づけたりして、社会的事象を考えることができます。**

②時期や時間の経過

時期や時間の経過への着目を促すことによって、社会的事象の背景や因果関係について考えたり、文化や伝統、人々の生活について考えを巡らせたりすることができる言葉かけです。

「昔の遊びと今の遊びは何が違うかな？」（変化）
「昔の人はどのように手紙を送っていたのかな？」（継承）

「歌舞伎はどのように受け継がれてきたのかな？」（継承）
「日本で自動車がつくられたのはいつからだろう？」（起源）
「自然祭害を防ぐために新しく始めた取組はあるのかな？」（変化）

このように、**なぜ始まったのか、どのように変わってきたのかといった、起源、変化、継承（時期や時間の経過）を問うことによって、社会的事象を比較したり、自分たちの生活と関連づけて考えたりすることができます。**

③事象や人々の相互関係

事象や人々の相互関係への着目を促すことによって、社会的事象や人々の相互関係を意識させ、新しい視点に気づくきっかけをつかませる言葉かけです。

「この商品ができるまでどんな人が関わっているのだろう？」（関わり）
「お米がレジの近くにあるのは何か意味があるのかな？」（工夫）
「自然災害が起きたら、だれが知らせるのかな？」（協力）
「地域の自然を守るために何をしていたかな？」（協力）

このように、**どのようなつながりがあるのか、なぜこのような協力が必要かといった、**

工夫、関わり、協力などを問うことによって、社会の構造や人々の関係性や願いについて考えることができます。

④資料の読み取り

社会的事象について調べ、まとめるにあたっては、資料を活用することが求められています。ただ、資料とにらめっこしている子供たちは、資料のどこを見ればよいかという視点がわかっていません。

そこで、資料を読み取る視点を子供たちに問いかけ、学習に向かわせることが重要になります。

以下は、具体的な言葉かけの例です。

「何が見える？」（拡散）
「これは何？」（強調）
「どこが違う？」（比較）
「何が隠れている？」（探索）
「どのように変化している？」（変化）

「いつの資料？」（時間）
「この資料はなんのためにあるのだろう？」（必要性）
「何があったのかな？」（事象）
「何が起こると思う？」（投影）
「この資料はみんなとどんな関係があるのかな？」（投影）
「どんな様子？」（場面）

このような視点を子供たちに与えることによって、資料を活用するとき、手が止まることなく学習を進めることができます。教師の言葉かけによって、新たな視点を見つけたり、既有の知識と資料を結びつけて考えを深めたりすることができるのです。

このように、社会科の「見方・考え方」に基づく問いや、資料を読み取る視点を机間指導で投げかけることによって、子供は「学びのマップ」をもって学習に向かうことができるようになります。

4 「学びのマップ」を子供に渡す 理科編

▼理科の「見方・考え方」とは

学習指導要領解説において、理科の「見方・考え方」（理科の見方・考え方）は以下のように示されています。

問題解決の過程において、自然の事物・現象をどのような視点で捉えるかという「見方」については、理科を構成する領域ごとの特徴から整理を行った。問題解決の過程において、どのような考え方で思考していくかという「考え方」については、これまで理科で育成を目指してきた問題解決の能力を基に整理を行った。

理科の見方

エネルギー領域	生命領域	地球領域	粒子領域

量的・関係的な視点	共通性・多様性の視点	時間的・空間的な視点	質的・実体的な視点

理科の考え方

3年	4年	5年	6年
比較する	関係付ける	条件を制御する	多面的に考える
複数の自然の事物・現象を対応させ比べること	自然の事物・現象を様々な視点から結びつけること	変化させる要因と変化させない要因を区別すること	自然の事物現象を複数の視点から考えること

このことから、「見方→『エネルギー』を柱とする領域では、主として量的・関係的な視点で捉える、『粒子』を柱とする領域では、主として質的・実体的な視点で捉える、『生命』を柱とする領域では、主として共通性と多様性の視点で捉える、『地球』を柱とする領域では、主として時間的・空間的な視点で捉える」「考え方→比較する、関係付ける、条件を制御する、多面的に考える」と整理することができます。

このように理科における「見方・考え方」は領域ごとに異なっています。

また、学年ごとに重視する考え方は異なっており、3年生→比較する、4年生→関係付ける、5年生→条件を制御する、6年生→多面的に考えるとなっています。

▼実際の言葉かけ

①エネルギー領域

エネルギー領域は、エネルギーの捉え方、エネルギーの変換と保存、エネルギー資源の有効利用の観点から学習内容が構成されています。

「磁石につくものと磁石につかないものには、どんな違いがある？」（比較）

「風の強さとゴムの長さはどんな関係があった？」（関係付け）

「振り子の振れ幅、長さ、おもりの重さどれを変える？」（条件制御）

「エネルギーをつくり出す方法は、太陽や風以外にあるかな？」（多面的）

このように、**エネルギーに焦点を当てた言葉かけによって学習の方向性が定まり、また多様な考え方を引き出すことができます。**

②粒子領域

粒子領域は、粒子の存在、粒子の結合、粒子の保存性、粒子のもつエネルギーの観点から学習内容が構成されています。

「砂糖と塩どちらが早く水に溶けそう？」（比較）
「塩酸の中で金属はどうなった？」（関係付け）
「酸素がなかったら火はどうなるかな？」（条件制御）
「銅にはどのような性質があったかな？」（多面的）

このように、**粒子の特徴や、変化を考えさせることによって、子供たちの学びを広げることができます。**

③生命領域

生命領域は、生き物の構造と機能、生命の連続性、生物と環境の関わりの観点から学習内容が構成されています。

「夏と比べると生き物の様子はどうなっているかな？」（比較）
「人の体にある骨と筋肉はどのように関わっているの？」（関係付け）
「もし植物が日光を受け取れなかったら、どんな変化があるかな？」（条件制御）
「人の手はものをつかむためにどの部分が協力しているかな？」（多面的）

このように、**身近な生き物や、植物、自分たちの体に焦点を当てて、様々な考え方を引**

き出すことができます。

④地球領域

地球領域は、地球の内部と表面の連動、地球の大気と水の循環、地球と天体の運動の観点から学習内容が構成されています。

「昨日の雲とはどこが違う？」（比較）

「地震と山にはどんな関係がありそうかな？」（関係付け）

「もし山からの雨水が急に増えたら、川の流れや土地はどうなりそう？」（条件制御）

「地球の気候や天気に影響するのは温度だけかな？」（多面的）

このように、**地球という大きな視点を身近な環境に結びつけることで、多様な考え方を引き出すことができます。**

⑤安全指導

理科の学習においては、安全に実験や観察を行うための言葉かけも重要です。

「机の上を片づけましょう」

「濡れ雑巾、燃え殻入れはありますか？」

「動いている実験器具には触れないようにしましょう」

「台の端に実験器具を置かないようにしましょう」

「安全メガネをつけましょう」

「プラグは確実に奥まで差しましょう」

「絶対に太陽は直接見てはいけません」

「実験中は装置に近づき過ぎず、結果測定後は速やかにスイッチを切りましょう」

「手を洗い、髪を結びましょう」

「熱が発生する部分には触りません」

「実験で使った器具などは冷めるまで触りません」


このような言葉かけをすることによって、子供たちの安全を確保して実験を行うことができます。**実験を始める前に、あらかじめ想定される危険を子供たちと考え、実験の約束事を共有することが大切**です。

観察・実験における机間指導では、約束事を子供たちが守ることができるように、言葉かけをしていきましょう。

5 「学びのマップ」を子供に渡す 体育編

▼体育科の「見方・考え方」とは

学習指導要領解説において、体育の「見方・考え方」（体育の見方・考え方）は以下のように示されています。

> 運動やスポーツを、その価値や特性に着目して、楽しさや喜びとともに体力の向上に果たす役割の視点から捉え、自己の適性等に応じた「する・みる・支える・知る」の多様な関わり方と関連付けること

このことから、「見方→運動やスポーツの価値や特性に着目して、楽しさや喜びととも

に体力の向上に果たす役割の視点から捉える」「考え方↓「する」だけでなく「みる」「支える」「知る」など、自己の適性等に応じて運動やスポーツとの多様な関わり方について考える」と整理することができます。

体育では、体を動かす楽しさや心地よさを味わうことができる運動領域や、様々な動きに取り組み、技を身につけたときに楽しさや喜びを味わうことのできる運動領域が設定されています。それらの運動領域は、①体つくり運動系、②器械運動系、③陸上運動系、④水泳運動系、⑤ボール運動系、⑥表現運動系に分かれています

これらの領域において、「する・みる・支える・知る」に関連づける言葉かけを、教師が（机間）指導において意図的に実践していく必要があります。

▼実際の言葉かけ

①する（実際の動作）

高橋（2019）は「する」を「できなかったことができるようになる。動きの質を高める」と示しています。

この「する」に関連づける言葉かけは、**提案型**が望ましいです。

「短い助走から跳んでみたらどう?」（幅跳び）

「両手を前方にそろえてから手で水をかいてみたら?」（クロール）

「どの位置にいるとパスが通りやすい?」（ゴール型）

このような言葉かけを行うことによって、運動における子供の主体性を確保しながら、できなかったことができるようになる動きを提案することができます。

②みる（観察・分析）

高田（2018）は「みる」を「友達と見合ったり、教えあったりすること」と示しています。

この「みる」に関連づける言葉かけは、**観察・分析の視点をもたせる**ことが重要です。

「AさんとBさんが素早く立てたのはどうして?」（体つくり運動）

「Aさんはどのタイミングで足を開いたかな?」（開脚前転）

このような言葉かけをすることによって、観察者は自分事として友だちの動きを見ることができます。この友だちの動きから学びを共有することができます。

③支える（協力・サポート）

高橋（2019）は「支える」を「仲間の学習を支援したり、ゲームなどで役割を果たし、発表会や協議会の企画をしたりするなどの学習」と示しています。

この「支える」に関連づける言葉かけは、実際に運動を補助したり、審判や得点を担当したりすることによって、**友だちの役に立っているという一体感をもたせる**ことが重要です。

「できた人は友だちを応援しましょう」（体つくり運動）
「補助の人は、背中に手を置くと友だちは安心します」（倒立ブリッジ）
「担当を決めて、パスを受けた回数を数えましょう」（ゴール型）

このような言葉かけで、実際に運動をしていない子供たちにも、運動の楽しさや、やり甲斐を感じさせることができます。

④知る（知識・理解）

高田（2018）は「知る」を「いろいろな運動の行い方を知ること」と示しています。

この「知る」に関連づける言葉かけは、**アドバイス型**が有効であると考えます。

見方・考え方	体つくり運動系	器械運動系	陸上運動系	水泳運動系	ボール運動系	表現運動系

する（実際の動作）	友だちと背中合わせになって片足で立てるかな？	足を伸ばしたゆりかごで体を揺らしたりしてみて	短い助走から跳んでみたらどう？	両手を前方にそろえてから手で水をかいてみたら？	どの位置にいるとパスが通りやすい？	強調したい部分で大きく動いてみるのはどう？
みる（観察・分析）	AさんとBさんが素早く立てたけどなんでかな？	Aさんは、どのタイミングで足を開いたかな？	Aさんは、どのように踏み切っている？	どのタイミングで息継ぎをしているかな？	ボールを持っていない人たちの動きを観察しよう	Aさんの動きの真似をしてみましょう
支える（協力・サポート）	できた人は他の友だちを応援しましょう！	補助の人は背中に手を置くと友だちは安心します	友だちに何歩で踏み切ったか教えて	友だちに手を引っ張ってもらって前方に手を伸ばそう	観戦チームは担当を決めてパスを受けた回数を数えましょう	Aグループのどこがいいなと感じた？
知る（知識・理解）	背中で体重をかけ合えばいいんだね	頭と両手で三角形をつくるようにするとバランスがよくなりますよ	踏切り足を決めて前方に強く踏み切るといいんだね	へそを見るようにしてあごを引き，耳まで浸かって息継ぎします	ボールを持っている人とゴールの間に体を入れると守備ができるね	素早く走る―止まるなど，変化やメリハリをつけると感じが伝わります

「背中で体重をかけ合えばいいんだね」（体つくり運動）

「頭と両手で三角形をつくるようにするとバランスがよくなります」（頭倒立）

「素早く走る―止まるなど変化をつけると、感じが伝わるね」（表現）

このように、運動技能を伸ばす直接的なアドバイスをすることによって、子供は課題の解決方法を概念化することができます。

第4章

個に応じた机間指導

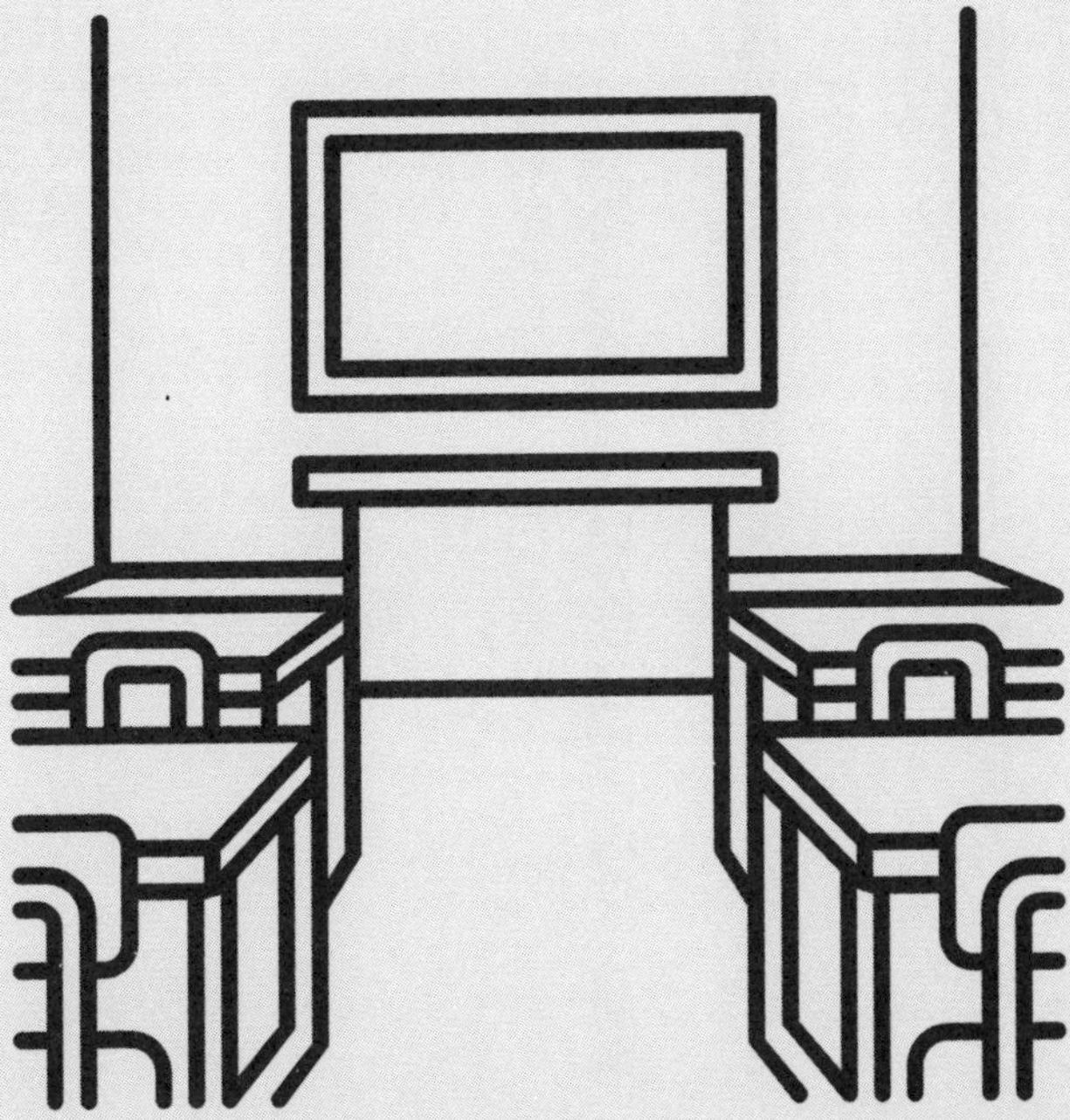

0 個に応じた机間指導

▼個に応じた机間指導の役割

個に応じた机間指導には、どのような役割や効果があるのでしょうか。

個への机間指導の言葉かけは、大きく**「説明」「指示」「問いかけ」「ゆさぶり」「励まし」**の5つに分類することができます。

説明には、**子供の思考を補完する役割**があります。子供の自力解決を捉え、教師が知識を伝達することによって、子供の思考は深まります。

指示とは、**今何をすべきかを明確に伝える**ことです。子供が課題をうまくつかめなかったときも、指示を出すことによって、適切な方向へと動き出すことができます。

問いかけには、**子供の考えを引き出す効果**が期待できます。教師があらかじめ導き出し

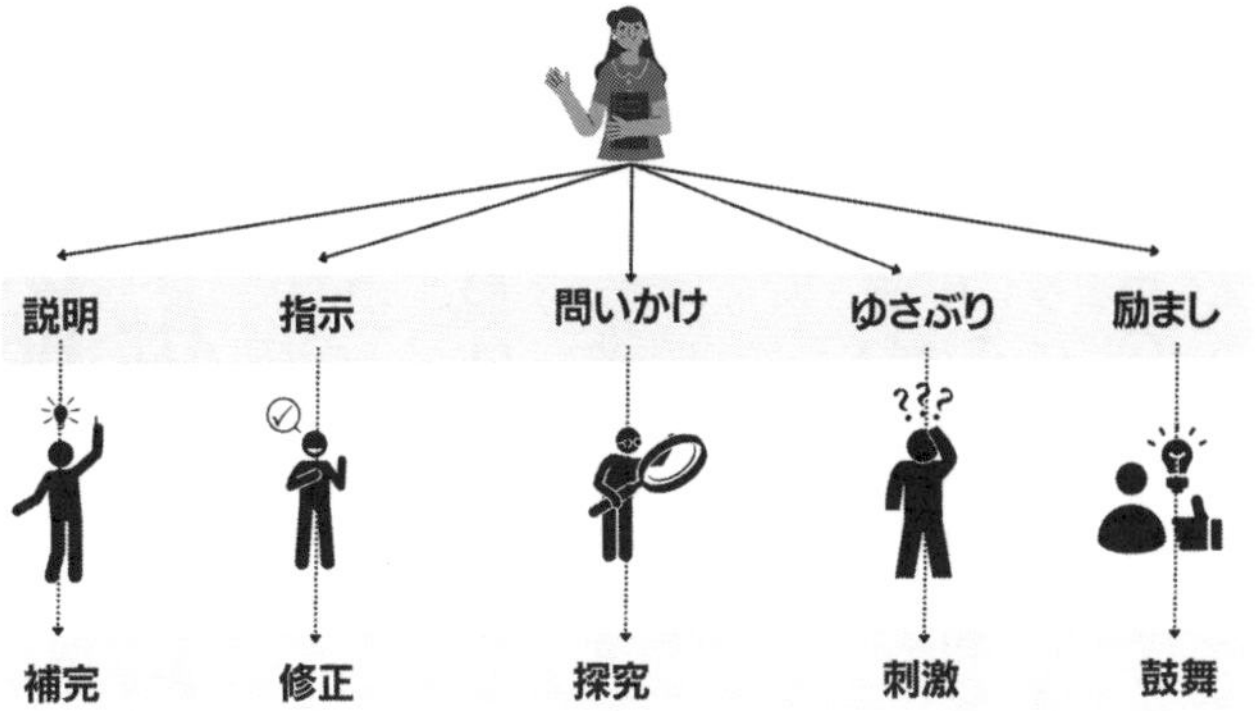

たい答えを明確にもっておくことが肝要です。

ゆさぶりには、**平坦な子供の思考に刺激を与える効果**があります。自力解決において、新たな視点に気づかせたいときに、教師の言葉かけによって子供の思考を活性化させます。

励ましとは、**子供の反応を肯定的に捉える**ことです。子供の悩みや困りに共感し、がんばりの過程を捉え、鼓舞する言葉かけを行うことです。

本章では、これらの個に応じた机間指導の役割と具体的な言葉かけについて紹介していきます。

1 説明
子供の思考を補完する

▼説明の具体的な役割

個に応じた机間指導の1つである説明では、新しい情報や知識を伝え、子供の理解を助けたり、思考を補完したりすることができます。

したがって、子供からは、次のような反応が返ってくることが望ましいです。

「あっ、そういうことだったんだ!」（以前からもっていた疑問の解決）
「なるほど!」（新しい情報を得たことによる納得）
「知らなかった!」（新しい情報を得たことによる驚き）
「それって〇〇と似ているかな?」（他の知識や経験との結びつけ）

このように、子供の疑問が解決し、納得できるような説明を心がける必要があります。

これらの教師の説明により、子供たちの「学びのエンジン」はさらに加速していきます。

①階層的な説明

学習内容について大まかな内容から具体的で詳細な内容で説明したり、易→難の順序で説明したりすることによって、知識を効果的に補完することができます。地域の特産品について調べる活動で、手が止まっている子供がいた場合を例に考えます。

【話題の確認】

「私たちの地域の特産品を知っているかな」

【概念の導入】

「特産品とは、その地域で特に有名な商品のことを言うんだよ」

【具体的な理由の説明】

「実は、この地域の気候や土壌が○○を育てるのにいいんだよ」

【詳細の説明】

「この特産品が育つには、寒い地域がいいんだ」

このように、複雑な内容でも、シンプルなものから難しいものへと順序立てて説明することによって、子供の理解は確かなものになります。

②視覚的な説明

視覚的材料は学びをサポートするための重要ツールです。しかし、黒板に掲示しても、資料のどこを見ればよいのかわからない子供もいます。そこで、**机間指導において子供と一緒に視覚的材料を注視することによって、知識を補完することができます。**

・写真（実際の場面やものを示し、具体的なイメージをもちやすくする）
・グラフ（数量や変化を捉えやすくする）
・地図（地理的な位置関係を捉えやすくする）
・ブロック（数や構造を理解しやすくする）
・年表（時間の流れや歴史的な出来事を順を追って理解できるようにする）
・ヒントカード（キーワードを穴空きにして、答えの見通しをもてるようにする）
・カラーペン（キーワードとなる部分に教師が印をつけ、答えを探す視点とする）

これらの視覚的材料を活用することによって、解答を見つける視点や見通しをもたせるための手立てとなります。

③言葉を言い換える説明

概念や単語が子供たちの理解を妨げている場合があります。そういうときは、**子供たちの身近なものや子供たちになじみのある言葉に言い換えると効果的**です。

・社会↓人々が集まってつくる大きなグループ
・環境↓私たちのまわりの自然や場所
・経済↓ものを買ったり売ったりすること

他にも、国語における文章構成を捉える際にも、文章全体をお弁当箱に言い換えると、子供たちはイメージがわきやすくなります。

・題名↓お弁当箱のふた
・一文↓お弁当の中のおかず
・段落↓お弁当箱の仕切り

このように、言葉を言い換えることで、子供たちの思考を補完することができます。

2 指示
今何をすべきかを明確に伝える

▼指示の具体的な役割

机間指導における指示の役割は、子供の具体的な思考や行動を示したり、子供の動き出しを手助けしたり、必要に応じて修正したりすることにあります。そうすることによって、子供は迷いや不安を感じることなく、より効果的に安心して学習を進めることができます。

①指さし確認をする

自力解決の時間に動き出さない子供の特徴として、今自分が何をすべきかわかっていない、課題に意識が向いていない、といったことがあげられます。

まずは、学習における現在地を教師が指示することが大事です。指示では、動きを組み合わせることによって理解度が増します。指さしは座ったままでき、他の子供たちの学習の妨げにならないのでおすすめです。また、**学習内容を修正するときは、指さしで子供自身に選ばせることで、責任をもって学習に取り組ませることができます。**

「今学習している場所を指さしてみて」（現在地の確認）
「これから学習しようと考えている箇所を指さしてみましょう」（行動の見通し）
「難しい部分を指さして」（理解の確認）
「黒板の考え方が使えそうなのはどれ？」（解法の選択）
「一番驚いたのはどれ？」（感じたことの共有）

②接続語で書き出しを指定する

ノートに自分の考えを書く活動において、子供の学習状況は0か100の状態であることが多いと感じます。実は、途中で書くことを悩むケースは稀です。そこで大切なのは、ノートに自分の考えを書くことができない子供の書き出しを教師が支援することです。

そのときに有効な手立てが、接続語を子供たちに示すことです。接続語は、子供の思考の方向性を導く、車に例えるとウインカーのような役割を果たしています。

接続語を指示することによって、子供の書き出しを支援したり、学習の方向性を修正したりすることができます。

「まず、次に、さらに、最後に」（段階的な進行）

「もっと・特に」（考えの強化）

「しかし・一方で」（対比・比較）

「なぜなら・つまり・このことから」（理由・原因）

「もし・場合によっては」（条件）

このように、接続語で書き出しを指示することによって、学習の方向性を定めて、見通しをもって自分の考えを安心して書くことができます。

③時間を設定する

解決するための時間を設定することで、子供たちは、自分の現在地とゴールまでの道筋をイメージして学習を調整しながら進めることができます。マイペースで初動が遅い子供や集中力が続かない子供に効果的です。**教師が小さめのタイマーやストップウォッチを持って、課題解決への時間を個別に制限します。**

「3分で説明まで書きます」（ゴールの指示）
「ここまで、1分でできるかな？」（時間を区切った指示）

このように、個別に時間を設定することで、子供たちは学習の進行度を意識するようになり、効率的に学ぶことができます。

④数字を入れる

数字を入れて指示することによって、子供に具体的な目標や期待を示すことができます。**学習内容が明確化され、達成感を得やすくなります。**

「スーパーマーケットのひみつを3つノートに書きましょう」（発見）
「これらの三角形を3つに仲間わけできるかな？」（分類）
「この文章の伝わりやすさは1から5でどれくらい？」（評価）
「登場人物の気持ちがわかる表現を3つ探して」（探索）

このように、数字を活用することによって、目標が明確化されます。教師も、子供のがんばりを励ます材料になるのでおすすめです。

3 問いかけ
子供の考えを引き出す

▼問いかけの具体的な役割

問いかけは、机間指導において子供たちの好奇心を喚起し、新しい視点やアイデアの発見を促進します。情報を単に受け取るのではなく、問いかけによって子供たちはその情報を深く考察し、自らの視点で解釈する能力を養います。このプロセスを通じて、子供たちは課題を解決した際の達成感や、自分で考えを導き出した経験からくる学習の成就感を強く覚えることができます。

①クローズドクエスチョン・オープンクエスチョンで問いかける

クローズドクエスチョンとは、1つまたは限定された選択肢からの答えを求める質問です。通常、クローズドクエスチョンに対する子供たちの反応も、「はい」「いいえ」など限定されます。


「この図形は二等辺三角形ですか？」

「分数で表せますか？」

「植物は水を吸収して成長しますか？」

「登場人物はうれしいですか？　悲しいですか？」


このように、選択式や「はい」「いいえ」で答えられる問いかけのことを、クローズドクエスチョンといいます。

オープンクエスチョンは、考えを深めたり、広げたりすることができます。


「おかみさんは、たぬきのことをどう思っていそう？」

「土地はどのように変化していったのかな？」

「どのような順序で説明すると伝わりやすいかな？」

「どうして自助が一番大切だと思った？」


このように、課題の解決方法や、課題の背景に焦点を当てて尋ねることによって、学習理解を深めることができます。

机間指導において、クローズドクエスチョンとオープンクエスチョンの効果を意識しながら組み合わせることが大切になります。

問いかけ	効果	回答の形式	使用場面
クローズドクエスチョン	情報の確認 簡潔な意見の取得	「はい」「いいえ」 選択された答え	学習内容を確認させたい 学習のスピードを速めたい
オープンクエスチョン	思考の促進 考えや意見の形成	子供の思考の広がりや深まりがみえる答え	子供に深く考えさせたい 多様な考えをもたせたい

②気持ちを問いかける

学習と気持ちは大きく関わりをもっています。子供に気持ちを尋ね、子供自身が今の気持ちを理解することによって、自分の学びの過程やこれからの学びへの関わり方について明確に理解することができます。

「今、どんな気持ち？」（学習状況の把握）

「この課題をみて、どんな気持ちになった？」（学習の興味・関心）

「自分の考えが書けそうな気がする？」（解決の見通し）
「どのように解決していきたい？」（学習方法の提案）

このように、子供の気持ちを問いかけることによって、子供の学びの状況を把握したり、学習への自主性を高めたりすることができます。

学習に無気力、気乗りしていない子供に、自分の気持ちを言語化させることは有効な手段です。「うれしい」や「悲しい」といった表現だけではなく、様々な感情があるということを子供に教えていきます。上図※のような表を持ち歩き、子供に今の気持ちを指さしで伝えてもらうということも1つの手立てとなります。その選択した気持ちに対して共感したり、「どうしてかな？」と問いかけたりして、学習の妨げとなる要因を探ることができます。

※大阪府人権教育研究協議会「いま、どんなきもち？」のイラストを使用して作成しています。
http://daijinkyo.in.coocan.jp/kyozai/page.htm

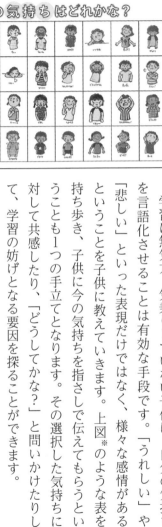

4 ゆさぶり 平坦な子供の思考に刺激を与える

▼ゆさぶりの具体的な役割

机間指導において、ゆさぶりの言葉かけをすることによって、平坦な自力解決に変化が起こり、緊張感をもって学習に臨むことができるようになります。自力解決が素早く終わった子供に対しても、教師がゆさぶりの言葉かけをすることによって、考えが広がったり深まったりします。そして、それが新しい概念の発見や知識の獲得につながります。

①「仮定」でゆさぶる

仮定でゆさぶる言葉かけで、子供は新しい視点や考慮点から課題を捉えることができます。教師は、自力解決が終わり、自己完結している子供に対して、「もし…だったら？」

といった問いでゆさぶることができます。

「もし会話文があったら、登場人物は何と言っているかな？」

「もし2mではなく、1・5mだったら？」

「もし共助がなかったら？」

「もしゴムの長さが短かったら？」

このように、**仮定を基に、子供は様々な視点から考察を深めたり、新たな考えを創造したりすることができます。**

②「立場」を変えてゆさぶる

立場を変えてゆさぶる言葉かけは、子供が課題を異なる視点や角度から考えることを促す方法です。別の登場人物や別の立場の人の視点で考えることにより、新しい考えを発見することができます。

「売り手の人からすると、迷惑じゃない？」

「子供からすると、この施設は必要ないよね？」

「筆者は、この文章のこと、気に入っているかな？」

「この豆太の行動には、さすがのじさまも怒るんじゃない？」

このように、立場を変えてゆさぶることによって、新しい視点をもって深い理解や多角的に物事を捉える力を育てることができます。

③「強気」でゆさぶる

強気でゆさぶるとは、自力解決で導き出した子供の考えに抵抗や異論を示すことです。教師が間違いをまるで正しいかのように演技することによって、子供は教師を説得しようと考えを整理し、改めて説明し始めます。

「いや〜、先生はBだと思うな」

「絶対にAだと思うんだけど…。だってさ、心の時間なんて目に見えないし、聞いたことないよ」

このように、聞きわけの悪い教師を演じることによって、子供は考えを整理して自分の言葉で教師を説得しようとし、その過程で考えを深めます。

④「疑い」でゆさぶる

疑いでゆさぶることには、子供が自力解決した考えをさらに補完したり強固なものにしたりする効果があります。

「本当に合っている?」

「本当にその考えでみんな納得するかな?」

このように、「本当に?」という言葉は利便性が高いゆさぶり言葉です。本当に?と教師が真剣に疑うことによって、もう一度考えるきっかけを与えることができます。

⑤「時間」でゆさぶる

時間軸を変えて言葉かけすることによって、「今」の状況を正確に把握し、創造性をもって考えることを促すことができます。

「はじめのあおむしたちと、何が変わったのかな?」

「この後、続きがあったらどうなるかな?」

「10年後、この町はどのようになっているかな?」

このように、**時間軸を変えてゆさぶる言葉かけは、子供の深い理解や多様な思考力を養ううえで非常に有効な手段**です。

5　励まし
子供の反応を肯定的に捉える

▼励ましの具体的な役割

机間指導における励ましには、子供のがんばりを適切に評価し、学習意欲を向上させる効果があります。ポジティブなフィードバックや励ましの言葉を与えることは、学習のモチベーションを保つために非常に重要です。

①驚いて励ます

「えっ、もうできたの!?」

「もうプリントないよ!」

「今日はこれで終わる予定だったから、何も次のこと考えてないよ!」

②大げさに励ます
「最高過ぎる！」

「文字が丁寧過ぎる！」

「がんばる君の姿を見られて、今日はすてきな1日になりそうだよ！」
③つぶやいて励ます
「まさか、こんなに自分の考えを書くとは…」

「もしかして、天才かな…」

「このがんばりは、校長先生に報告しないとだな…」
④ラベリングで励ます
「書き出し名人」「伝説の計算マスター」「発見のプロ」「あきらめない大臣」

「音読師匠」「聞き方名人」「わり算検定一級」「発表チャレンジキャプテン」
⑤「はじめて」で励ます
「この考えは、担任史上はじめてだ！」

「この考え方をしたのは、君がはじめてだ！」

「君を見ていると、先生の『はじめて』がたくさん見つかるよ！」

⑥疑いで励ます
「いや、そんな簡単にできる問題じゃないのに、なんでできるの!?」

「はじめて見た問題じゃないってこと!?」

「本当に3年生!?」
⑦期待で励ます
「君なら、5行くらいでまとめられそうだね」

「君なら、他の考えをあと3つは見つけられそう」

「君なら、40秒で伝わりやすくみんなに説明できそうだね」
⑧思い出して励ます
「あっ、そういえば、先生が小学生のときはこの問題できなかったよ!」

「あっ、そういえば、〇〇先生が君はどんなことにもチャレンジすると言っていたよ」

「あっ、この問題できた人は前の学年ではいなかったんじゃなかったかな」


これらのような言葉かけを教師が日常的に行うことによって、子供は自分のがんばりを認められていると安心感を覚え、学習の大きな励みになります。

第5章 子供同士の考えをつなげる

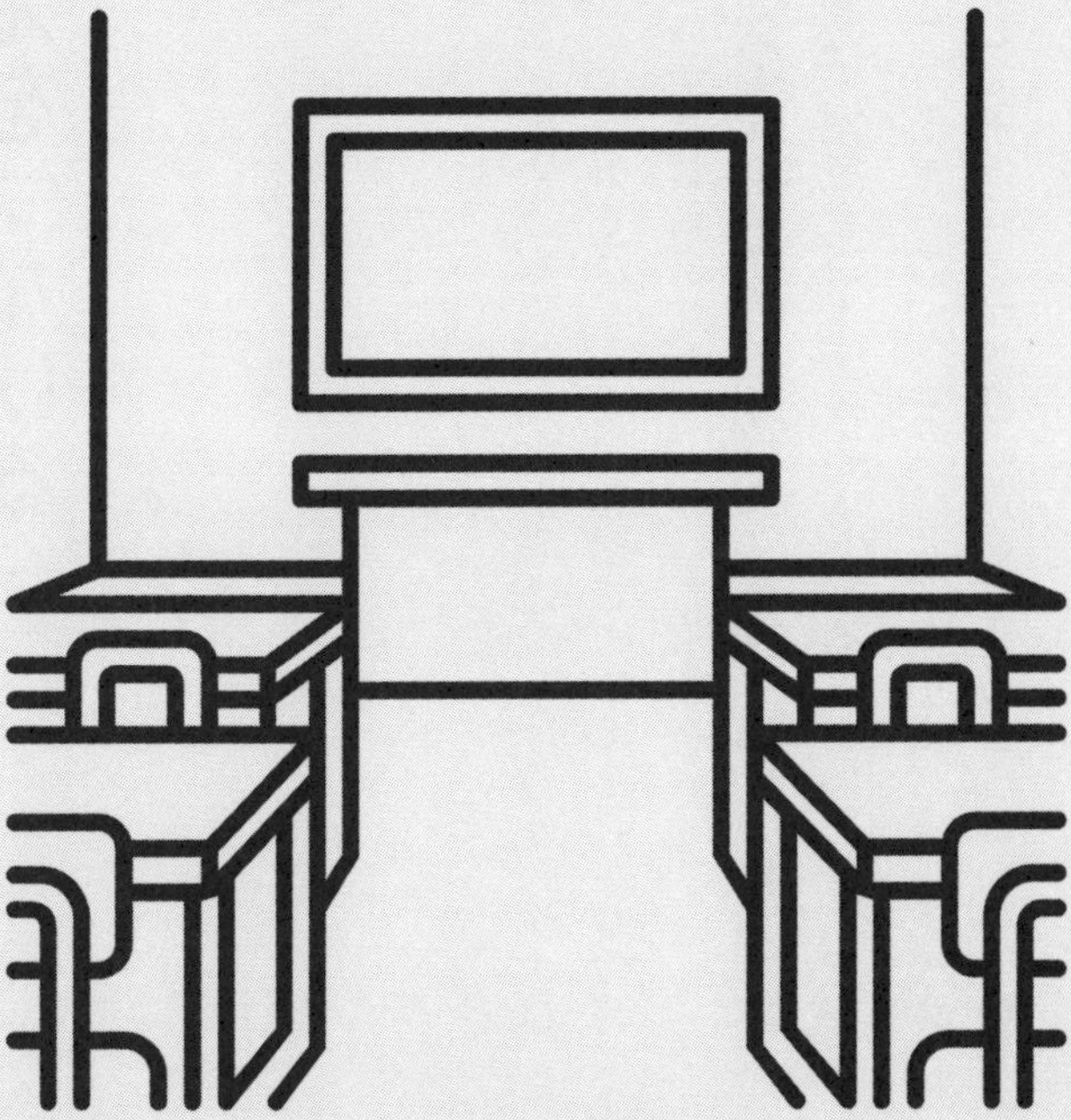

0　子供同士の考えをつなげる

▼教師の役割

皆さんは、授業における教師の役割をどのようなものだとお考えでしょうか。例えば、わかりやすい説明をする、といったことについては、ＡＩが発達していくこれからの時代では、それほど重要視されることがないかもしれません。

教師の重要な役割は、**子供のリアルタイムな学びの実態から、興味・関心、進捗状況、他の子供の学びの相違点・類似点を捉え、授業をコーディネートする**ことにあります。

前章までは、教師が子供に「気づき」を促すアプローチを中心に紹介してきましたが、本章では、教師がコーディネーターとして子供同士が学びの質を高める手法について紹介します。

▼仮想モデルを設定する

子供同士の考えを生かした授業をするためには、授業前の準備が必要です。大事なのは以下のように、**子供の学びの状態を予想しておく**ことです。

①考えを示すことができていないのはだれか
②同じ考えをもっているのはだれか
③異なる考えをもっているのはだれか
④アイデア性のある考えをもっているのはだれか

実際の授業では、これらに基づいて教師の中で仲間分けすることが必要になるわけですが、教材研究の段階で「この学級ならこのように考える子供が多いだろうな」という基準モデルをもっておくことも必要です。

このように、**学級の実態に応じて学びの状態を予想し、基準モデルを明確にもっておくことによって、子供たちの学習状況を授業の中で落ち着いて捉えることができます。**

授業前
10の倍数の
利用を活用
する子供が
多いはず
学級の実態から ▶▶▶
・10の倍数の利用を活用
・4分で考えを整理
・他の考えを導き出すのは難しい
基準モデル

視点	①	②	③	④
机間指導における教師の視点	考えを示すことができていないのはだれか	同じ考えをもっているのはだれか	異なる考えをもっているのはだれか	アイデア性のある考えをもっているのはだれか

実際の子供の様子	無回答	10の倍数の利用	交換法則を活用し筆算で計算する	図や数直線を使って答えを求める

例えば、4×30というかけ算では、多様な解決方法が考えられます。

①たし算を繰り返す（30＋30＋30＋30）

②10の倍数を利用する（4×3＝12、12に0を追加して120）

③交換法則を活用して筆算で計算する

④図や数直線を使って求める

教材研究の段階において、この中から、自力解決での取組が多いと予想される解法を教師が想定します。

教師が、②の10の倍数の利用で自力解決する子供が多いと予想したなら、それを基準モデルとして設定することができます。

実際の授業で一人ひとりの子供たちの思考の状態を細かに把握するのは難しいことです。しかし、教材研究の段階で子供の学びの状態を予想し、多数派の考え方となる基準モデルをつくることによって、より適切な机間指導を行うことができるようになります。

この段階ができたら、机間指導を通して、子供同士の考えをつなげていきます。

子供同士の考えをつなげることには、以下の機能があります。

①意見を強化する
②意見を対立させる
③新しい考えを発見させる
④意見を創造させる

子供の学習状況を捉えたうえで、この４つの機能を意識して、子供同士の考えをつなげる言葉かけを行います。そのことによって、子供たちは対話を重ね、子供同士で考えを広げたり深めたりすることができます。

1　意見を強化する

▼意見を強化するとは

自力解決の時間をこれ以上費やしても、考えを深めることは難しそう。でも、さらに考えを練り上げてほしい。

そういった状態の子供に、机間指導を通して、異なった表現でありながらも同じ考えの子供を紹介することによって、意見を強化することができます。

子供は、今まで1人で考えて不安な部分があったかもしれませんが、同じ考えや似たような学習状況の仲間の存在を知ることによって、より安心して学習に取り組むことができます。また、その後の全体交流のときにも、自信をもって活発な意見交流に参加することができます。

このように教師は、同じ意見をもつ子供同士をつなげる言葉かけをしていきます。

▼気持ちに着目させる

文章を読んだり、問題を解いたりする中で、「難しい」「おもしろい」「不思議」…と、子供によって感じることは違います。その感じ方に教師が着目して、子供同士の考えをつなげる言葉かけをすることができます。


「Aさんと同じで、楽しそうに書いているね」

「Aさんも、困りながら最後までやり遂げていたから、考えを見てきたらどう？」

「Aさんも、この問題を見てはじめは驚いていたみたい」

「Aさんも、この文章を読んで心地よさを感じていたよ」

「Aさんも、プラスの感情を示していましたよ」


このように、気持ちに着目する言葉かけをすることによって、**課題に対しての感情を共有してから学習に取り組むことができます。**はじめに感情を共有することによって、安心して学習に取り組むことができるのです。

▼協力を促す

友だちの考えを確認するだけではなく、協力し合うことを前提とした言葉かけをすることによって、子供の目的が明確になります。友だちの考えを確認したうえで練り上げることを促すことが重要になります。


「Bさんの意見をもっと磨けそう？」

「AさんとBさんで同じ考えのところを見つけてみてください」

「AさんとBさんで2人が最も大切だと思う部分に赤色で印をつけてください」

「AさんとBさんでクラスのみんなを説得してみてください」

「Bさんと協力して、さらに短く説明して！」

「BさんとAさんの考え方にタイトルをつけて！」


このように、**同じ考えをもつ子供同士にミッションを与えることによって、協力して考えを深めていこうとすることができます。**

▼期待感をもたせる

「Ａさんの考えを見てきてごらん」といった言葉かけでは不十分です。子供自身が必要だと感じなければ、友だちの考えを確認するだけで終わりになります。そこで、あえて教師が提案するような形で言葉かけすることによって、子供は「話し合ってみたい」という気持ちをもつことができます。「…かもしれない」「…できそう」といった言葉かけが重要です。

「Ｂさんと協力したら、もっとよい考えになるかもしれない」
「ＡさんとＢさん、２人で力を合わせればこの課題を乗り越えられそう」
「ＡさんとＢさんの考えを組み合わせれば、すばらしい結果になりそう」
「ＢさんとＡさんが力を合わせるところ、見てみたいな」

このような言葉かけをすることによって、子供は友だちの考えを聞いてみたいと感じることができるようになります。このように**「友だちの考えを聞いてみたい！」「交流してみたい！」といった気持ちを引き出すことが重要になります。**

▼共通の経験に着目させる

そのときの学習内容だけではなく、以前の学習で同じ考えをもっていたことを想起させたり、同じような経験をしたりしている子供を結びつけることによって、子供はさらに考えを補完することができるようになります。


「前の学習で同じ資料を使っていたAさんと相談してみては？」

「Aさんは買い物体験でその商品を買っていたよ」

「前の学習の振り返りで、次は市の施設について調べたいと書いていたけど、Bさんも同じ内容を書いていましたよ」

「前回は、Aさんと同じ1つ分をつくって考えたBさんの意見を聞いてみたら？」

「実験前の予想が同じだったAさんと、考察を見比べてみたら？」


このように、**子供たちの学習内容を照らし合わせたり、前時までの学習過程に着目したりすることによって、考えをさらに強化することができます。**

▼チームを立ち上げさせる

同じ考えをもっている子供同士が交流できたら、３人目、４人目…と、どんどん人数を増やしていきます。すると、同じ考えをもった子供同士で意見交流が活発になり、「そうだよね！」「確かに！」と共感の言葉がクラスにあふれます。

このような、チームを立ち上げさせる言葉かけには以下のようなものがあります。

「同じ考えをもった人たちが一緒になることで、さらに考えが深まりますよ」

「Cさんも、AさんとBさんと似ているところがありますよ」

「AさんとBさんで、Cさんに考え方を紹介してください」

新たにチームに加わる子供は、不安感をもっているかもしれません。そこで、**既存のメンバーから考え方の概要を説明すると、安心して自分の考えを提示することができます。**

このような言葉かけをした後は、集まった子供たちで、チームの名前を考えさせます。すると、**そのチーム名をクラスの１つの考え方として共有することができます。**

2　意見を対立させる

▼意見を対立させるとは

異なる意見をもつ子供同士を結びつけることによって、様々な効果が期待できます。

異なる意見に出会ったとき、自分の考えに明確な根拠をもつためには、その考えをさらに深く、具体的にする必要があります。そのことによって深い理解が促されます。

また、意見を対立させることによって、自分の考えに疑問をもち、それを再評価する機会が増えます。このプロセスは、批判的思考力を向上させます。また、学級経営にも大きな効果をもたらします。「自分とは違う意見でも受け入れる」といった、学級の受容的な雰囲気を醸成する機会づくりにも寄与することができます。

▼挑戦意欲を引き出す

自分と異なる考えというのは、それだけで子供にとって価値のあるものです。教師は、机間指導を通して異なる意見をもつ子供を把握します。そして、挑発するような言葉かけをすることによって、「友だちの意見を聞きたい」「友だちを説得したい」といった気持ちを引き出すことができます。


「Aさんは、違う意見を書いていたけれど…」

「AさんとBさんどちらが正しいのかわからなくなってきました…」

「Bさんを納得させられるかな?」

「Aさんの意見も、説得力があるなぁ」


もちろん、異なる意見同士を競わせることで、どちらがよいかを決めるのではありません。「異なる考えに自分の考えを照らし合わせれば学びが深まる」ということを、学級全体で認識することが大切です。**「人と異なる考えをもつことを、このクラスでは大歓迎!」と教師が粘り強く学級全体に語りかけましょう。**

▼訊くことを促す

異なる意見をもった子供たちを教師が結びつけても、議論が活性化せず、ただ意見を交換するだけに終始してしまうことがありますが、それではもったいないです。

そこで、「訊く」ことに重点を置いた言葉かけによって、異なる考えの子供の話を自分事として捉えさせます。

「Aさんが、どうしてそう思ったのか訊いてみて」

「Aさんの考えの根拠を探ってみて」

「Aさんが、どうしてこの考え方をしたのか探ってください」

「Aさんの考え方で気になるところを見つけて、詳しく訊いてみましょう」

「Aさんに、Bさん（あなた）の考えと違うところを訊いてみて」

このような言葉かけをすることによって、子供は目的意識をもって意見を交流することができます。**自分の考えと照らし合わせながら意欲的に考えを聞くことができるので、学びも深まります。**

▼アドバイスする

異なる考えの子供にアドバイスすることを目的とした言葉かけです。子供は「自分の考えを友だちの意見と組み合わせるにはどうすればよいのだろう」という視点で異なる考えを聞くことができます。

「Aさんにアドバイスできることはないか見てきてください」
「Bさん、あなたの意見の強みを生かして何かアドバイスできないかな？」
「Bさん、あなたがもしAさんの立場を選択したら、どのような考えをもつかな？」
「前回、Bさんがアドバイスを受けたけど、今回はAさんにアドバイスできそう？」

子供には「自分の考えを知ってもらいたい」という気持ちが強くあります。そこで、アドバイスという形で自分の考えを示しながら、友だちの考えも聞くことが有効です。

留意点として、アドバイスをする側と受ける側のバランスが偏り、クラスの中に上下関係ができないように細心の注意を払う必要があります。そのため、**日頃から「アドバイスをする側も勉強している」という捉えを学級全体で共通理解しておく必要があります。**

▼気持ちを認知させる

学習において、異なる考えや新しい考えと出合ったときに生じる気持ちの揺れは、学びを突き動かす推進力になります。自分とは異なる考えを聞いてどのように感じたのかを言語化させることによって、学習効果を高めることができます。


「Aさんの考えを聞いて、思ったことを教えて！」

「Aさんの考えを聞いて、驚いたことがあったら教えて！」

「Aさんの考えを聞いて、不思議に思ったことがあったら教えて！」

「Aさんの考えを聞いて、納得できないところがあったら教えて！」

「Aさんの考えを聞いて、気になることがあったら教えて！」


このような言葉かけで、異なる考えや新しい考えと出合ったときに生じた気持ちの揺れを子供に認知させることで、「もっと知りたい」「もっと考えたい」といった学習への意欲を高めることができます。はじめは「驚いた」「なるほど」といったひと言で感情を表現しますが、**慣れてくると、その感情をもった理由を伝えることができるようになります。**

そうなると、異なる考えにも寄り添いながら学びを深めることができます。

▼予想を立てさせる

自力解決ができると、友だちはどのような意見をもったのかということが気になるものです。そこで、友だちがどのような考えをもったのか予想を立てて意見交流に臨むことによって、意見交流を見通しをもって行ったり、活性化させたりすることができます。


「Aさんは、賛成・反対どちらだと思う？」

「Aさんは、どのような方法でしたと思う？」

「AさんとBさんはこの前は考えが違ったけど、今回はどうかな？」

「Aさんは、あっという間に自力解決が終わっていたようだけど、どのような考えなのかな？」


他にも、Aさんの体験や日々の行動、学習の振り返りから、予想に結びつけることができるような言葉かけを教師がすることによって、Aさんの考えを予想する補足資料とすることができます。**特に「6段落は必要だったかどうか」「縄文時代と弥生時代どちらが暮らしやすいか」といった二者択一の学習課題だと予想を絞りやすく、友だちの考えに思いを巡らせて積極的に交流することができます。**

3　新しい考えを発見させる

▼新しい考えを発見させるとは

自力解決の過程において、時には自分の力だけでは課題の解決や新しい考えをもつことが難しい場面があります。そのようなとき、友だちの考えを参考にすることで新しい視点に触れることができます。また、新しい考えを発見することで、学級で学習する楽しさを感じることができます。

教師が机間指導において新しい考えの発見を促す言葉かけを行ったり、交流を促したりすることで、子供たちは新たな行動を起こします。教師が時間をかけて解決法に気づかせるよりも、「自分で考えを見つける」というアプローチをとることで、学習意欲が高まる場合もあります。

▼考えを発見すること、されることを価値づける

　意見を発見させる言葉かけをする前に、大切なことがあります。それは、**考えを発見する側、発見される側、双方が気持ちよく学べる雰囲気を醸成する**ことです。これは年間を通して働きかけていくことが必要になります。


「自分の考えは、みんなの考え。みんなの考えは、自分の考え」

「自分の考えは独り占めしません」

「友だちから考えをもらったら、『ありがとう』を伝えます」

「友だちの考えをすぐに聞けるのが学校のよいところ」

「友だちに真似されるというのは、あなたの意見がすばらしい証拠だよね」


　以前、自分の考えを真似されたと怒っている子供がいました。そのようなときに、「自分の考えは、みんなの考え。みんなの考えは、自分の考え」という言葉を年間を通してクラスに浸透させました。すると、考えを真似されて怒っていた子供も「先生、ぼくの意見が役に立った！」と目を輝かせるようになりました。このように、意見を取り入れる・取り入れられることを「どちらもすてきなこと」と価値づけるのが大切です。

▼友だちの考えを真似させる

自力解決の時間に、ノートに何も書かずにぼーっとしている子供がいたらどうしますか。教師が問いかけても無反応。第1章で示した八方塞がり型の子供ですが、1つの解決策として、友だちの考えを真似させることから始めるという手法があります。

「友だちの考えを見ておいで」

「『いいな』と思った友だちの考えを写しましょう」

「友だちはどんなことを書いていたかな?」

このような言葉かけで、まずは、友だちの考えを見る、写すといった行動を取らせます。ただぼんやりとしているだけでは脳は働きません。脳は体と連動しているので、まずは、体を動かします。立つ→友だちの考えを見る→友だちの考えを写す。この一連の流れを奨励します。

友だちの考えを写していく中で、「Aさんはこのように考えていたな」「ちょっとつけ足してみよう」と、無意識のうちに比較したり、オリジナリティを加えたりしてみたくなります。このように、はじめから自分の考えを書くことができなくても、友だちの考えを写していうちに、徐々に自分の考えをもつことができます。**「考えがまとまってから書く」という感覚ではなく、「書きながら、考えをまとめる」という感覚をもたせることで、子供たちはだんだん自力解決ができるようになるのです。**

ノートやワークシートに友だちの考えを写すことができただけでも、教師は肯定的なフィードバックをすることができます。

「しっかり友だちの意見を発見できたね」

「学びをノートに閉じ込められたね」

「この部分には、自分の考えが入っているね」

このような言葉かけをすることによって、はじめは何も書くことができなかった子供たちも、達成感を覚えます。この経験を積み重ねていくことが重要です。

机間指導で教師が1人の子供にずっと問いかけ続けると、プレッシャーを感じて、行動できなくなります。そして「自分はだめだ」と思い、次も行動できない…という負のスパイラルに陥ってしまいます。

まずは友だちの考えを真似するところから始めることによって、自力解決で悩んでいる子供たちに「できた！」という達成感を味わわせることができます。

▼考えの広がりを視覚的に感じさせる

自力解決が終わった子供には、自分にはない友だちの意見を見つけたら、赤鉛筆でつけ足すように促します。赤鉛筆で書くことによって、友だちの意見による考えの広がりを視覚的に感じることができます。

「たくさん友だちの意見を見つけられたね！」
「赤でいっぱいだ！」
「Aさん考えが広まったね！」

このように価値づけすることができます。

このとき大切なことは、**自分にはない友だちの意見を見つける際、内容よりも数に着目させる**ということです。内容は後から吟味できます。まずは、自分にはない意見をたくさん発見し、それらを生かそうとする態度を身につけさせることが重要です。

友だちの意見を赤で書かせると、ノート一面赤い文字になる子供もいますが、正誤などよりも、まずはたくさん友だちの意見を見つけることができたという事実を肯定的に捉えましょう。

▼役割を与える

ただ友だちの考えを聞くだけでは、なかなか新しい発見には至りません。そこで、友だちの考えを深掘りする役割を与えることによって、子供同士で楽しく学ばせることができます。


「Aさんにインタビューしてきて」

「Aさんの考えにツッコミを入れてきて」

「Aさんに質問し続けて」

「Aさんの考えをリポートして」

「記者になって、Aさんの考えに見出しをつけるなら?」


このような言葉かけで子供に役割を与え、友だちの考えを深掘りさせます。留意点としては、**「活動あって学びなし」にならないように、深掘りして発見したこと、わかったことをまとめ認知させる**ことが必要になります。

このように子供に役割を与えることで、質問力や要約力を鍛えることができます。

4　意見を創造させる

▼意見を創造させるとは

子供同士が考えをもち寄り、新たな意見を創造することによって、他者と学習するよさを感じたり、合意形成のプロセスを経て考えを練り上げたりすることができます。

他者の考えを知ることを通して、お互いが自分の考えを再認識し、再構成することができます。そして、自分の考えをより妥当なものにすることができます。

教師は、机間指導における言葉かけを通して、意見を練り上げやすい雰囲気を醸成したり、他者と協働して新しい意見を創造することの心地よさを共有したりして、子供自身が自分で新たな意見を創造することができるようにしていく必要があります。

▼協働するよさを伝える

他者と協働することによって、新たな意見を創造できることに気づかせる言葉かけをすることで、子供たちは「友だちと新しい意見を創りたい！」という気持ちをもつことができます。

「Aさんの考えとBさんの考えを組み合わせると、よい意見ができるかもしれません」

「友だちと一緒に考えると、見逃していた考えにも気づくかもしれません」

このように、**言葉かけの中で協働することの効果を示すことが重要**です。

また、**意見を創造した後に、協働の効果を強調することによって、「友だちと協力してよかった」という気持ちをもたせることができます。**

「2人で考えたからこそおもしろい意見が出たね」

「友だちと一緒に考えると、新しい意見ができておもしろいね」

このような肯定的な言葉をクラス全体に投げかけることによって、「友だちと新しい意見を創ってみよう！」という雰囲気を醸成することができます。

▼調整する

異なる意見の子供たちが新しい意見を創り上げるとき、2人の対話が止まってしまう場面もあるでしょう。そういうときは、教師が視点を与えることによって、対話活動が促進されます。

「2人の話し合いのゴールは何でしたか？」（確認）
「2人の考えは、めあてとどうつながるかな？」（価値）
「AさんとBさん、それぞれのよいところはどこかな？」（評価）
「Aさんとの考えの違いはどこ？」（比較）
「Aさんが言いたいことは、どういうことかな？」（要約）
「なぜAさんはこのように考えたのかな？」（理由）

このような言葉かけをすることによって、対話活動の視点が明確になります。子供同士の対話に教師が積極的に介入することは望ましくありませんが、**新たな考えを創造するためのきっかけとして、時には教師が言葉をかけることも必要になります。**

▼制限する

新たな意見を創造させるためとはいえ、子供に自由に考えさせるだけでは、なかなか対話活動は充実しません。適切な制限を設けることで子供は見通しをもち、安心して学習を進めることができます。また、学習の方向性を見失わず対話ができるので、対話活動の失敗を避けることができます。

「4分で2人の意見を組み合わせます」（時間）
「ロイロノートで発表します」（表現）
「矢印を使ってまとめます（手段）
「『まず』『次に』『さらに』といった言葉を使ってください」（用語）
「ごんの視点からまとめてください」（立場）

このように、時間・表現・手段・用語・立場などの制限（指定）を適切に組み合わせることによって、子供の考えをより多角的にします。また、**子供が対話の中で考え方やアプローチを絞り込む手助けにもなり、よりクリエイティブな対話や議論を展開することができます。**

▼振り返る

意見を創造できた場合も、できなかった場合も、話し合いの過程を振り返ることが大切です。振り返りをすることによって、対話における学びを自覚し、自己の成長を実感することができます。この気持ちが次回の対話活動への期待感となります。

「今回の話し合いで、できたことはあった？」（技能）
「Aさんの意見を通してわかったことはあった？」（理解）
「Aさんの考えで『なるほど』と思うところはあった？」（納得）
「Aさんの考えを聞いて、自分の意見に変わったところはある？」（変容）
「次にAさんと話し合うときに生かしたいことはある？」（次時への期待）

このような視点で振り返りを促すことによって、**意見を創造するために必要な話し合いのスキルを体験的に認知することができます。**

机間指導において、対話への取組、振り返りをよく観察し、全体に紹介することによって、対話活動はさらに充実したものになります。

第6章
学級に
受容的な雰囲気を
醸成する

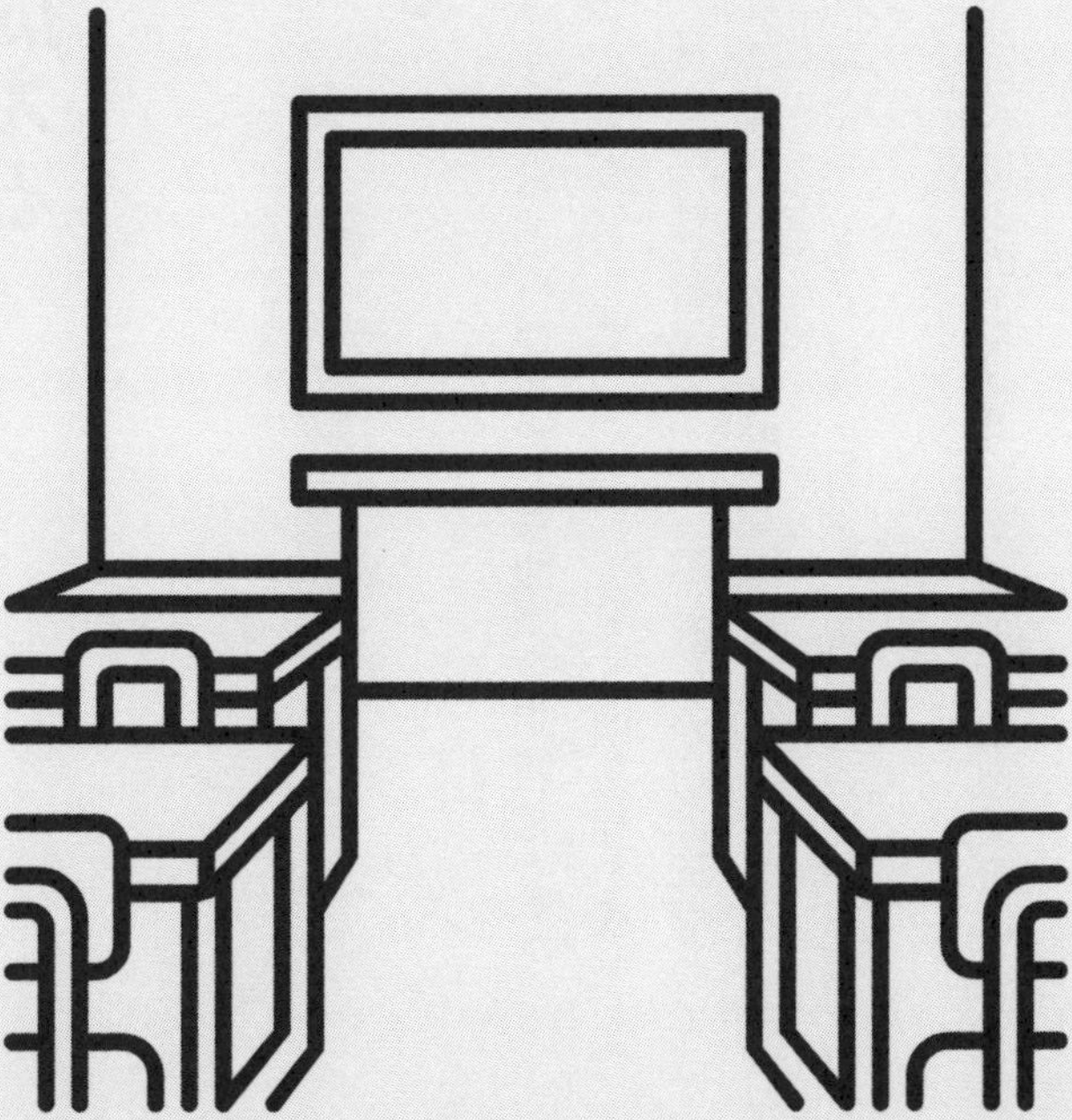

0　学級の状態を捉える

▼学習集団は4つに分類される

「望ましい学習集団」と聞いて、皆さんはどのような学級の雰囲気を想像しますか。子供たちが一生懸命学習に取り組んでいる姿や、なんでも言い合える関係性を構築したクラスでしょうか。大前（2023）は、「学級経営のゴールは、互いが切磋琢磨して成長していく状態をつくること」「個々が、自分の本当に実現したいゴールに向かって挑戦し、成長している状態である」「心理的安全性があれば、自分の実現したい夢や目標を自由に描くようになる」と述べています。

これらのことから、望ましい学習集団は、以下のような2つの観点で整理することができます。

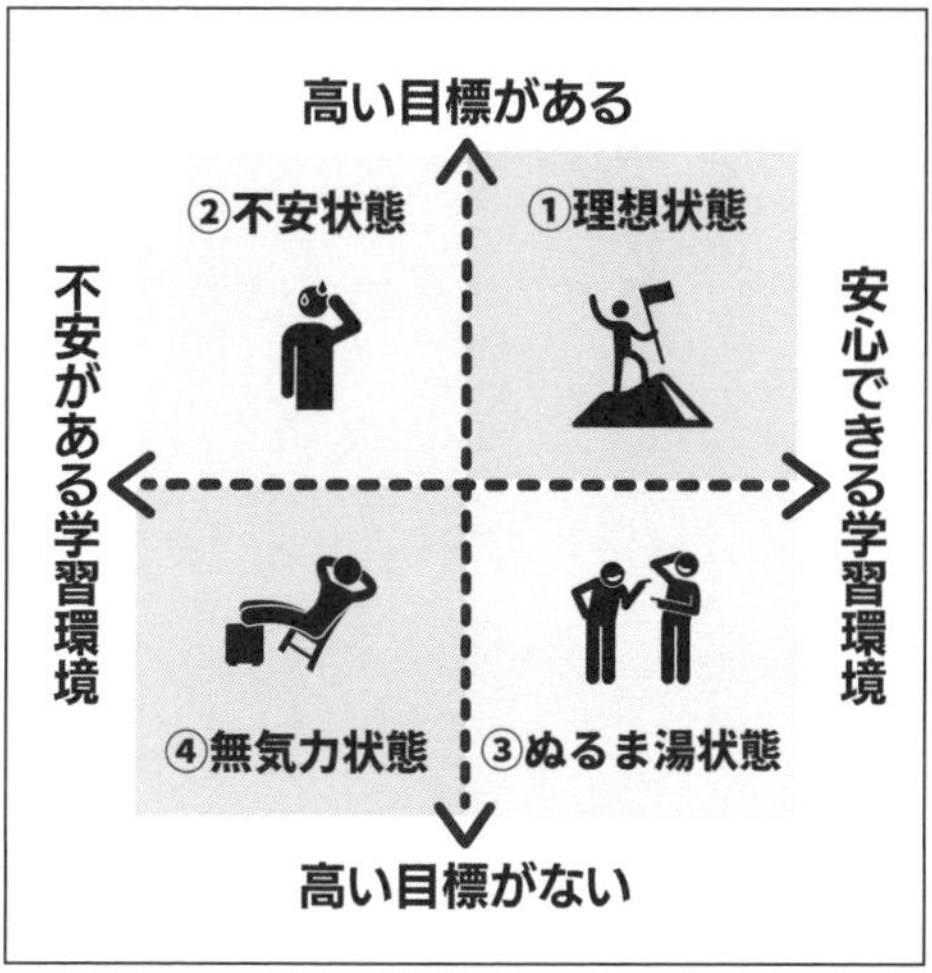

①安心できる学習環境
②高い目標がある

これを2軸のマトリクスで整理すると、上図のようになります。

①理想状態

理想状態とは、自分や友だちの考えを大切にし、困難な課題に直面しても切磋琢磨して取り組んでいこうとする学級集団です。

②不安状態

不安状態とは、高い目標を設定できたが、安心できる学習環境ではないため、自分の考えを表出できません。それゆえ、学習が深まらず、成長が抑制されてしまいます。

③ぬるま湯状態

ぬるま湯状態では、子供たちの関係性は良好でありながらも、高い目標設定がされず、挑戦意欲が低いことが特徴としてあげられます。学級が居心地よく感じても、達成感や成就感が味わえず、成長がみられません。

④無気力状態

学習環境に不安があり、明確な目標もなければ無気力状態になり、子供たちは不安や不満から不適切な行動をし始めます。それが集団に広がっていく負の連鎖に陥り、学級崩壊へと近づいていきます。

こういった学習集団の状態を捉え、適切な机間指導を行うことで、望ましい学習集団（理想状態）に向かって子供たちは変容していきます。

▼理想状態へ

理想状態へと学習集団を変容させるためには、安心できる学習環境を築き、高い目標をもたせる必要があります。

安心できる学習環境を築くには、次のような意識を子供が潜在的にもつことが必要です。

「自分の考えは大切にされている！」

「先生も考えてくれている！」

「みんな考えは違っていいんだ！」

そのためには、机間指導における言葉かけやフィードバックが重要になってきます。

高い目標をもたせるには、挑戦意欲を高める必要があります。そのためには、失敗を奨励するような言葉かけや、目標を明確にもたせ、振り返りを充実させるような働きかけが必要になってきます。

本章では、これらの具体について示していきます。

1 子供の考えを大切にする

▼子供の考えを大切にするとは

机間指導を通して、学級の受容的な雰囲気を醸成することが大切です。そこで、大切になってくるのが、子供の考えを大切にするということです。

「子供の考えを大切にする」の主語は、教師です。教師が率先して子供たちの意見を受け入れることによって、子供たちも安心して学習に取り組むことができます。

▼教師がともに学ぶ姿勢をみせる

子供の考えを大切にする方法の1つとして、教師がともに学ぶ姿勢をみせることがあげられます。教師がともに学ぶ姿勢をみせることによって、子供たちは、自分の考えを教師が受け止めてくれていると感じます。

例えば、算数の授業で図形の面積を求めるとき、「Aさんは、その方法で面積を求めることができたんだよね。あとは、どんな方法がありそう？　先生も一緒に考えてみていいかな？」

このように、**子供のがんばりの過程を捉え、気持ちに寄り添いながら、一緒に考えていくという姿勢をみせる**ことが重要です。


「先生も一緒に考えてみていいかな？」

「今、できたことを教えてくれない？」

「その考えは、先生も思いつかなかったな」

「先生も同じ経験があるな」

「どうしてそう思ったかもっと知りたいな」

「Aさんの意見は、とても参考になるな」


このように、教師と子供が、「教える―教えられる」の関係ではなく、ともに学んでいく関係を築くことで、子供の考えを大切にすることにつながっていきます。

▼前向きな評価をする

子供は、自分の学習が正しい方向に進んでいるのかに不安を感じています。そこでまずは、教師が前向きな評価をすることによって、子供は「自分のがんばりは認められている」と感じます。この繰り返しによって、子供は安心して学習に取り組むことができるようになります。

前向きな評価をするポイントは、**結果ではなくプロセスに焦点を当てて言葉をかける**ことです。

「よくできたね」

この言葉かけだけでは、「できなかったらだめなんだな」と感じ取り、言葉を発することや行動に移すことにプレッシャーを感じてしまう子供がいます。このような状態では、授業中、安心して学習に取り組むことができません。

前向きな評価の言葉かけとしては、具体的に以下のようなものが考えられます。

「新しい方法で取り組んでいるね」

「以前よりも鉛筆を持って考える姿が増えてきましたね」

「悩んでいる姿がすてきですね」
「なんとかして解決しようという気持ちが伝わってきます」
「新しい考えをありがとう」

このように、課題が解決できたという結果ではなく、課題解決をしているプロセスを教師が捉え、前向きな評価の言葉をかけていきましょう。

▼子供の様子をリフレーミングする

リフレーミングという言葉をご存知でしょうか。リフレーミングとは、物事を捉える枠組み（フレーム）を変えることで、一見すると不適切な行動も、リフレーミングによってすてきな行動と捉えられます。教師は、子供の姿を意図的にリフレーミングすることによって、その子を多面的に見取ることができます。

例えば、「この子は粘り強さがない」というマイナスイメージも、リフレーミングによって「この子は関心の幅が広い」とポジティブイメージに変換することができます。

子供に対して教師がよいイメージをもっていれば、子供も自然と教師のイメージに近づいてきます。このリフレーミングを意図的に使うことが、子供の考えを大切にすることにつながります。

授業中頻繁に私語をする→社交的で人とコミュニケーションを取るのが得意
（グループ活動に生かすことができないか）
授業中頻繁に立ち歩く　→活動的で好奇心旺盛
（もっと交流活動を取り入れてみよう）
発言が少ない　　　　　→熟慮している
（適したアウトプットの方法はないかな）

このように、リフレーミングによって、子供の長所を生かした学習活動や支援のヒントが見えてきます。**「困っているのは教師ではなく、子供である」という認識をもち続ける必要があります。**

▼話しかけやすい教師になる

机間指導において、まずは、教師自身が話しかけやすい雰囲気をつくることが大切です。教師に対して「話してよかった」という経験を積み上げていく必要があります。そうすることで、子供の率直な思いや考えを吸い上げ、大切にすることができます。

子供が話しかけやすい教師の特徴としては以下のようなものがあります。

- 子供の話を遮らず最後まで話を聞く
- 子供の視線に合わせて、興味をもって話を聞く
- 「先生も…」のように自己開示をする
- うなずきや相づちといった、非言語的なフィードバックを与える
- 「なるほど」「確かに」「その気持ち、わかるよ」といった共感的な言葉かけをする

このように、**教師が一方的にフィードバックをするのではなく、まずは話しかけやすい態度を取ることによって子供との信頼関係が築かれ、効果的な机間指導を行うことができます。**

2　友だちの考えを大切にさせる

▼友だちの考えを大切にさせるとは

教室において、子供たちは1人で学ぶわけではありません。異なる考えをもつクラスメイトとともに、学習を協働的に進めていきます。そうすることで、自分の考えが強化されたり、修正されたりして、深い学びにつなげることができます。

昨今、「個」を重視する学習が多く実践されています。確かに、個に応じた学習によって、子供のペースや理解度に合わせて学びを進めることができます。けれども、**個に応じた学習の成功のカギは「対話」**だと私は考えています。友だちの考えを自分事として受け入れ、他者から多面的・多角的視点でアドバイスや感想（フィードバック）をもらうことで、自分の考えがより鮮明になり、深まります。

つまりは、**友だちの考えを大切にできるということは、自分の考えを大切にできる**ということです。したがって、友だちの意見を受け入れ、自分なりの解釈を取り入れて学習を進めていけるようにする必要があります。机間指導においても、「友だちの考えを大切にする」という視点を教師がもって言葉かけをすることが重要です。

▼ルールを共有する

対話活動が停滞する理由の1つとして、対人関係の不安があげられます。その要因は、学校生活や私生活におけるパワーバランス、子供同士の相性、過去の出来事、家庭同士の関係など、多岐にわたります。これらの要因によって、対話活動が深まらず、形だけの活動になってしまいます。

そこで、**明確なルールとして「授業のときはみんな学習者として平等である」ということを伝えます。**このルールが浸透すればするほど、授業における対人関係の不安が軽減されます。

フォーマルな場である授業では、他にも以下のようなルールが守られるべきです。

・お互いに敬称をつける。
・「ぼくは」「私は」といった「I（アイ）メッセージ」で意見を言う。
・友だちの考えを非難しない。
・友だちの言葉を途中で遮らない。
・対話が終わったらお互いに「ありがとう」と感謝を伝える。

このようなルールをあらかじめ子供たちと共有することによって、対人関係の不安を軽減することができます。また、安心して学習に取り組むことができる環境は、学級経営にもよい影響を与えます。

「子供の考えや行動を制限してはいけない」という考え方もあるかと思います。しかし、**ルールがあることで安心して学習に取り組むことができる子供が多いのも事実**です。

対話活動におけるルールをあらかじめ設定し、子供たちと日々共有することで、授業を通してよりよい人間関係が構築されていきます。その良好な人間関係が、学習効果を高めるのです。

▼相手の意見を尊重させる

相手の意見を尊重するとは、違いを尊重するということです。違いがあるからこそ、協働で学習を進める意義があるのです。

このことを子供に伝える言葉を、机間指導の中でつぶやくだけでも、対話活動は促進されます。


「まったく同じ考えの人は、1人もいません」

「違っているからすばらしい」

「自分と違った意見が出るのは当たり前」

「意見が違ったら成長するチャンス！」

「みんな違っているから、みんないい！」

「違いを見つけたら教えてね」

「違う意見との出合いは、新しい自分との出合い」


このように、違いを尊重する言葉かけをすることによって、「答え」を探す対話活動から、「新しい考え」と出合うための対話活動に変わってきます。「違い」をポジティブなイメージにすることが、対話活動促進の重要な役割となります。

しかし、どんな意見でも言ってよいのかというと、そうではありません。ふざけた意見や相手を傷つけるような意見は許容してはいけません。

そのような問題行動を抑制するために、**「一生懸命考える」というルールを1つつけ加えます。**すると、学習に正対した意見を言うことができます。

教師が多様な考えを尊重した言葉かけをすることによって、子供たちも相手の意見を尊重することができるようになります。

▼教師が率先して感謝の気持ちを伝える

「ありがとう」

この言葉は、汎用性が高く、いつでも効果絶大です。「ありがとう」に込められた感謝の気持ちが子供との信頼関係を築く手立てとなります。

「Aさん、今日も授業を集中して聞いてくれてありがとう」

「Bさん、今日もたくさん質問してくれてありがとう」

「Cさんのがんばりが伝わってきたよ。ありがとう」
「Dさんの話し合う姿はお手本になります。ありがとう」
「今日のグループ活動、みんなで協力してくれてありがとう」

「すごいね」「さすがだね」といったほめ言葉よりも、このような**「個人名＋事実＋ありがとう」のフィードバック**の方が、子供たちとの信頼関係は深まります。

子供の考えを教師が肯定的に捉えることによって、子供は自分の考えが大切にされていると感じることができます。また、教師が子供たちのがんばりを肯定的に捉える姿は、「自分も友だちの意見を大切にしよう」という考え方につながります。

感謝の言葉が行き交うことによって、安心して学習に取り組める雰囲気を醸成することができます。

このような、好循環を生み出すことも、机間指導の言葉かけによって可能になります。

3　挑戦意欲を高める

▼挑戦意欲を高める言葉かけとは

自分と友だちの意見を大切にし、安心して授業に集中できる環境が整ったとしても、それだけでは、居心地のよい「ぬるま湯」になってしまいます。高い目標をもっていなければ、望ましい学習集団ということはできません。

学習目標を達成するためには、自分の考えをもち、友だちの考えを受け入れ、自分の中で再構成していく必要があります。そこで、安心感のある学習環境の基盤が確保できたうえで、挑戦意欲を高める言葉かけをします。そうすることによって、子供たちはさらに成長していきます。挑戦意欲を高め、学級をぬるま湯状態→理想状態に引き上げていきましょう。

▼学習を自分事として捉えさせる

学習を自分事として捉えるとは、課題をぼんやりと眺めるのではなく、「自分の解決すべき課題が今ここにある」と自覚させることです。

学習を自分事として捉えさせるためには、**学習のゴールを明確にする言葉かけ**が必要になります。

①学習道具を視点にする

「Aさんが今学習している部分は、教科書のどこだろう？　指さしてみて」

「Aさん今は、何を使うでしょう」

このように、学習道具を視点にすることで、学習のゴールを表現する場所を明確にすることができます。

②学級全体のゴールと個人のゴールを組み合わせる

「Aさんはめあてを達成するために今何をしているんだっけ？」（学級全体のゴール）

「今しているところはまとめと強く関わっているかもしれない！」（学級全体のゴール）
「Aさんは、どこまでだったらできそう？」（個人のゴール）
「Aさんなら、ここまでできそうですね」（個人のゴール）

このように、「学級全体のゴール」と「個人のゴール」という2つの視点を組み合わせて教師が言葉かけをしていきます。**学級全体のゴールを意識させながら、個人のゴールを示唆する言葉かけが重要です。**

このような言葉かけを通して、子供は学習を自分事として捉えることができます。

▼挑戦することを奨励する

挑戦することができない子供は、「失敗したらどうしよう」「失敗したくない」といった不安な気持ちをもっています。そこで、教師が日々の机間指導で粘り強く挑戦することの大切さをつぶやくことで「失敗しても大丈夫なんだ」という意識を子供たちに潜在的にもたせ、失敗を歓迎する学習集団へと成長させていきます。

「失敗できるのは挑戦した人だけ」

「挑戦してくれてありがとう」

「失敗は大歓迎！」

「失敗は成功の種です。大きな花を咲かせるためにたくさん種をまきましょう！」

「失敗したり、間違えたりすることが勉強です」

「教室はまちがうところだ」（蒔田晋治作の絵本のタイトル）

▼効果的な振り返りを促す

学習の振り返りをすることは重要です。振り返りをすることによって、自己認識を高め、新たな学習に挑戦をしていこうという意欲を高めることができます。

他にも、振り返りには、以下のような効果が期待できます。
・新たな領域であっても、既有の知識を活用して考えることができるようになる。
・自分だけでなく他者の視点から学習の成果を捉えることができる。
このような効果的な振り返りを促すことができる教師の言葉かけには、次のようなものがあります。

「今日の授業でわかったことはある？」（自己の学習内容）

「難しかった場面はあった？」（自己の学習内容）

「どこの部分を一番がんばったかな？」（自己の学習活動）

「友だちの意見を聞いて『なるほど』と思ったことはあった？」（学習集団として）

「もっと調べてみたいことや、次やってみたいことはある？」（次時・次学への期待）

このように、教師が振り返りの役割や意図を明確にすることによって、効果的な振り返りを実践することができます。

さらに、振り返りを効果的に進めるために、教師が机間指導で、次ページの振り返り文例を引き出すような言葉かけをすることが大切です。

【参考資料】

大分県教育センター「授業づくりのポイント　『振り返り』の充実に向けて」

https://www.pref.oita.jp/uploaded/attachment/2114948.pdf

振り返りの充実に向けて

振り返りの目的の確認
①これまでの学びを自覚する
②これからの学びを見通す
③次の学びを生み出す

振り返りの内容の焦点化
①「めあて」から振り返る
②学習の過程を振り返る
③認知の過程を振り返る
④友だちと協力できたかを振り返る

教師の意図

振り返りの振り返り
①自己の成長を自覚する
②振り返りを批判的に検討する
③他者と振り返りを共有する

振り返りのまとまりの意識化
①１単位時間を振り返る
②単元全体を振り返る
③複数の単元を関連づけて振り返る
④他教科等と関連づけて振り返る

観点	役割	振り返り文例
わ	自己の学習内容	・～がわかった　・～がわからなかった ・～までわかった　・～が楽しかった ・～が難しかった　・○○から～だと思った ・前の勉強と～が似ていると思った
が	自己の学習活動	・～をがんばった　・～が惜しかった ・前に習った○○を使ったら～できた
友	学習集団として	・○○さんの考えを聞いて，自分は～と思った ・○○さんと似ていて～ ・○○さんと違って～ ・○○さんの考えのよいところは～
や	次時・次学への期待	・～をもっと調べてみたい ・～について見つけてみたい ・次は～をやってみたい ・次に使ってみたい考えは～ ・～を練習したい

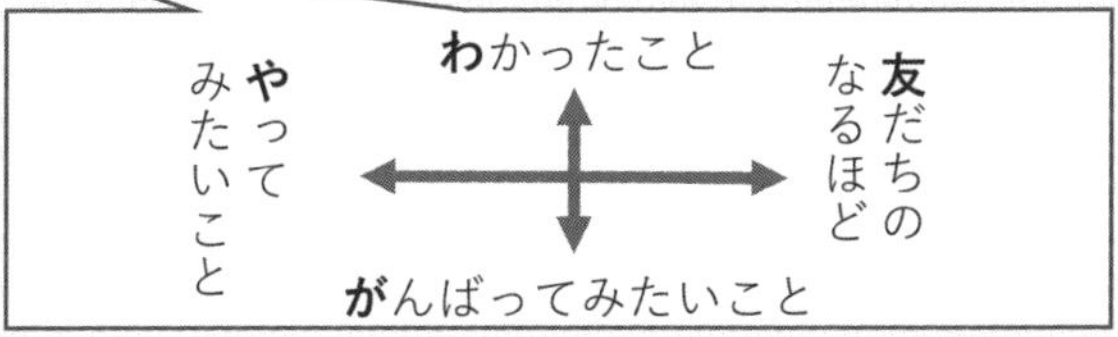

【引用・参考文献一覧】

・文部科学省（2018）『小学校学習指導要領（平成29年告示）』東洋館出版社
・大村はま（1973）『教えるということ』共文社
・文部科学省（2018）『小学校学習指導要領（平成29年告示）解説 総合的な学習の時間編』東洋館出版社
・文部科学省（2018）『小学校学習指導要領（平成29年告示）解説 国語編』東洋館出版社
・文部科学省（2018）『小学校学習指導要領（平成29年告示）解説 算数編』日本文教出版
・文部科学省（2018）『小学校学習指導要領（平成29年告示）解説 社会編』日本文教出版
・文部科学省（2018）『小学校学習指導要領（平成29年告示）解説 理科編』東洋館出版社

・文部科学省（2018）『小学校学習指導要領（平成29年告示）解説 体育編』東洋館出版社
・大阪府人権教育研究協議会「いま、どんなきもち？」
http://daijinkyo.in.coocan.jp/kyozai/page.htm
・高橋修一（2019）「学校体育における『みる・支える・知る』スポーツとは」（『体育科教育』2019年7月号）大修館書店
・高田彬成（2018）「豊かなスポーツライフと体育科教育」（『初等教育資料』2018年9月号）東洋館出版社
・大前暁政（2023）『心理的安全性と学級経営』東洋館出版社
・大分県教育センター「授業づくりのポイント 『振り返り』の充実に向けて」
https://www.pref.oita.jp/uploaded/attachment/2114948.pdf
・若松俊介・宗實直樹（2023）『子どもの見方が変わる！「見取り」の技術』学陽書房

・髙橋達哉（2022）『国語授業が変わる！発問大事典』明治図書出版
・東京学芸大学附属小金井小学校算数部編、加固希支男・中村真也・田中英海（2021）『算数授業　発問・言葉かけ大全　子どもが考えたくなるキーフレーズ100』明治図書出版
・宗實直樹（2021）『深い学びに導く社会科新発問パターン集』明治図書出版

おわりに

本書を執筆しているとき、私は1年生を担任していました。

1年生は学習意欲にあふれ、何事にも意欲的に取り組んでくれます。一方で、自分の気持ちに気づけなかったり、上手に表現できなかったりします。

間違いに厳しく「100点しかダメだ！」と考えている子供がいました。机間指導のとき、赤で間違いを指摘すると、はじめのころは泣き出して床に寝そべってしまいました。

それでも、

「間違いは宝物だよ」

「赤色をつけてもらったら、宝物を見つけたと思ってね」

と言い続けました。

すると、その子は、自分で赤色で訂正し、青色で印をつけ、満面の笑顔で「宝物見つけた！」と言ってくるようになりました。

これも、机間指導を通して実現した子供の姿です。

本書は、月刊誌『授業力&学級経営力』9月号（「自己調整」を促す指導技術大全）に掲載された記事をベースに執筆を展開していきました。

机間指導について単著の執筆依頼をいただいたとき、「1冊の本にできるかな…」という不安がよぎりました。机間指導だけについて書かれた書籍を今まで見たことがなかったからです。

しかし、いざ原稿を書き始めると、実際に経験したことを思い起こしながら、手が止まることなく、気持ちよく執筆できました。自分自身の教師生活を振り返りながら、「こんな子供たちがいたよな」「今何しているかな」と思いを馳せ、懐かしむことができました。

そうして執筆した原稿を見返していて、気がついたことがありました。

それは、机間指導は、学習指導、児童理解、学級経営すべてに通じているということです。机間指導は、学習集団の土壌を整え、子供の学びを支え、子供自身と向き合うことができる大切な教育活動なのです。本書の執筆を通して、私自身も机間指導の重要性を再確認することができました。

「教師が子供の前に立って授業をする」という指導観は薄れつつあります。学習者全員の学びを実現させるためには、「教師は一人ひとりの子供の学びに寄り添って支援する伴走者である」といった指導観に転換しなくてはなりません。
この現代の指導観を体現するのに欠かすことができないのが机間指導です。もちろん、机間指導は目新しいものではなく、昔からあった指導方法です。この机間指導という指導方法を、現代の教育観に照らし合わせながら執筆する機会をいただけたことには、感謝しかありません。

ここまでお読みいただいた皆さんは、本当に子供のことを考えて日々研鑽を積まれている先生だと思います。机間指導を通して子供たちを見取り、信頼関係を構築し、適切なフィードバックをすることで、「学びのエンジン」を加速させてください。
最後に、出版という貴重な機会をくださった明治図書出版の皆様に厚く御礼申し上げます。特に、いつも私の原稿を「おもしろい！」と言ってくださる編集者の矢口さん。そして、今まで出会ってきて、成長させてくれた、すべての子供たちに感謝したいと思います。

2024年3月

浦元　康

【著者紹介】

浦元　康（うらもと　こう）

1994年鹿児島生まれ。大阪教育大学卒業。
地区教育論文６年連続入賞。地区体育主任理事。複式学級担任経験あり。研究主任・生徒指導主任などの校務分掌を歴任。
単著に『先生１年目からの授業づくり完全ガイド』（2024年，明治図書）。その他，月刊誌『授業力＆学級経営力』や隔月誌『実践国語研究』にて特集記事を執筆。

X（旧 Twitter）アカウント
一角＠小学校の先生
@ikkakuteacher

学びのエンジンをかける　机間指導

2024年４月初版第１刷刊　©著　者　浦　元　康
発行者　藤　原　光　政
発行所　明治図書出版株式会社
http://www.meijitosho.co.jp
（企画）矢口郁雄（校正）大内奈々子・奥野仁美
〒114-0023　東京都北区滝野川7-46-1
振替00160-5-151318　電話03（5907）6701
ご注文窓口　電話03（5907）6668

＊検印省略　組版所　株式会社カシヨ

Printed in Japan　ISBN978-4-18-288324-8

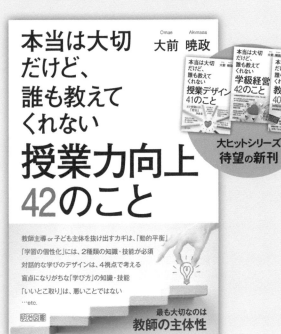